BL⋯⋯⋯⋯⋯⋯⋯ ⋯ALDWYN

Blas ar Fwynder Maldwyn

gol: Heledd Maldwyn Jones

Argraffiad cyntaf: Gorffennaf 2003

Ⓤ *Gwasg Carreg Gwalch*

Rhif Llyfr Safonol Rhyngwladol:
0-86381-843-9

Cynllun clawr: Sian Parri

Argraffwyd a chyhoeddwyd gan Wasg Carreg Gwalch,
12 Iard yr Orsaf, Llanrwst, Dyffryn Conwy, LL26 0EH.
📞 01492 642031   📠 01492 641502
✎ llyfrau@carreg-gwalch.co.uk
Lle ar y we: www.carreg-gwalch.co.uk

Cynnwys

Cyflwyniad

Wrth i mi feddwl am bobl sir Drefaldwyn, y darlun fydda' i'n ei weld yn syth yw bochau gwritgoch iach, fel dau afal coch, natur rhadlon, annwyl sy'n rhan mor amlwg o'u cymeriad a'u hymdrech ddiflino i gynnig croeso twymgalon (mae'n wir ei bod hi'n amhosib gadael sawl aelwyd heb i chi deimlo bod eich stumog ar fin byrstio – dydi Maldwyn ddim yn le da i fynd os ydych chi'n trio slimio!).

Ond yr hyn sy'n fy nharo fwyaf am drigolion yr hen sir yw eu hagwedd hamddenol at fywyd – cymryd pwyll a pheidio â chythruddo yw'r feddylfryd, ac mae eu siarad linc-di-lonc a'u hacen feddal yn ategu hyn.

Cofiaf fethu â deall un bore gwlithog o haf pam oedd ffarmwr – cymeriad lleol yn cerdded wrth ei bwysau i fyny'r buarth mor gynnar yn y bore; cortyn beindar wedi'i glymu'n dynn o amgylch gwasg uchel ei drowsus, a chap stabal ar osgo ar ei ben a drawai gysgod dros llond gên o wisgars. Daliai sbrigyn o flodyn melys Erwain (*Meadowsweet*) dan ei drwyn, gan fy nghyfarch yn llon:

> 'Sud wyt ti heddiw'r bore, lodes? Doooow; mae'r blodyn 'ma sydd yn y shietin 'na'n gwyntio'n glên. Dwi erioed wedi sylwi arno o'r blaen. Bendigiedig lodes, bendigiedig.'

Roeddwn yn dal i bendroni dros bwrpas ei ymweliad – roedd y blodyn yn amlwg wedi tynnu'i feddwl oddi ar y mater hwnnw. Wedi iddo orffen canu clodydd i'r blodyn di-nod, aeth ymlaen i ddatgan yn hamddenol ddigon fod y pic-yp wedi rhedeg allan o betrol, a'i fod yn chwilio am ddiferyn i'w roi ynddo er mwyn iddo gyrraedd marchnad y Trallwng mewn pryd. Ac yn wir, dyna lle'r oedd yr hen bic-yp rhydlyd wedi torri i lawr a'i olwynion yn dynn wrth y shietin o Erwain!

Hyd yn oed mewn creisis o'r fath, roedd y ffarmwr yn medru troi at werthfawrogi natur a'r tir o'i amgylch!

A pherthynas arbennig a geir rhwng y bobl a'r tir hwnnw, sydd, yn ôl llawer yn rhannu'r un rhinweddau â'r rheiny sy'n trigo arno. Ond o dan y bryniau meddal mae creigiau cadarn yn cuddio, ac o dan y cymeriad pwyllog, di-gynnwrf, hamddenol mae trobwll byrlymus o egni a brwdfrydedd yn corddi.

Nid peth hawdd ydyw sicrhau fod y diwylliant yn cael ei gynnal mewn sir sy'n rhwbio ysgwydd â Chlawdd Offa. Mae'r holl weithgareddau diwylliannol a gynhelir yno yn arwydd pendant o'r ffaith fod tân yn dal ynghynn ym moliau'r cogie a'r lodesi i wrthsefyll dylanwadau'r dwyrain.

Gobeithio y cewch chithau ymdeimlad o fwynder arbennig Maldwyn wrth gael blas ar hanes ei drigolion, eu doniau a'u traddodiadau sydd wedi eu croniclo yn nhudalennau'r gyfrol hon.

Heledd Maldwyn Jones

'𝓨 mwynder hwn a erys'

Gwyn Erfyl

Yn y gyfrol *Awen Maldwyn* (1960), dywed Emlyn Evans yn ei ragair am waith y 71 o feirdd:

> buasai nifer y beirdd yn uwch nag ydyw oni bai i bob perswâd ar ran Mr Tilsley a Mr Owen fethu â gorchfygu swildod sawl bardd da. Yr oedd mwynder Maldwyn i'w ganfod hyd yn oed yn agwedd rhai o'i beirdd tuag at gyhoeddi'u gwaith'.

Siŵr gen i mai dyna pam nad oes dim o waith John Penri Jones, y crydd o'r Foel, yn y gyfrol. Ganddo ef y cafwyd yr englyn i'r *Pry Cannwyll* a enillodd iddo'r wobr gyntaf yn yr Eisteddfod Genedlaethol, sy'n cloi gyda'r esgyll:

Herio fflam a chorff o lwch
Oedd ei farwol ddifyrrwch

O gofio John Penri, gallaf yn hawdd gredu yn ei gyndynrwydd i gyhoeddi ei waith. Un tawel a chwbwl ddiymhongar oedd o.

Ond beth ydi mwynder Maldwyn? Yn sicr, mae'n ddisgrifiad addas o'r tirlun. Gwastadeddau'n cael eu ireiddio gan nentydd ac afonydd ydyw talpiau helaeth ohoni. Hyd yn oed wrth droelli dros y Berwyn i'r gogledd neu Bumlumon i'r de, eu moelni a'u grug, yn hytrach na'r creigiau sy'n dal y llygad ac yn esmwytháu gofidiau. Wrth ddychwelyd yma roedd rhyw lonyddwch ffeind yn ei daear. Seiniau wedyn – sŵn y trên yn pwffian drwy Dalerddig, bref oen, cyfarth ci, cri gylfinir neu gornchwiglen draw yn y gweundir. Sŵn gwenyn a gwybed. Sŵn nant.

Mae yma greithiau hen ddiwydiannau yn Llangynog, Llanidloes a'r Fan. Ysgerbydau a llwch ddoe ochr yn ochr bellach â berw y byd technolegol newydd yn crynhoi o gwmpas trefi fel y Drenewydd a'r

Trallwng. Cafodd Maldwyn ei chyfran o boen yn ogystal â berw y chwyldro diwydiannol. Am fod arian a gwaith yn brin, aeth amryw fel fy nhaid, tad mam, i lawr i weithio, dros dro, yn y pyllau glo. Fe'i lladdwyd yn nhanchwa Cilfynydd. Gadawodd weddw a phump o blant ar ôl. Mae tair cenhedlaeth o'm teulu bellach yn rhes daclus yn un o ddwy fynwent Llanerfyl. Enw yn unig ar gofeb ymhell o'i gartref ydi Thomas Evans. Chawson nhw mo'i gorff na'i lwch. Yn ysgol Llanfair ar ôl hynny, nid testun traethawd yn unig oedd y Chwyldro Diwydiannol i mi ond arwriaeth fy nain a'i siop yn y Diosg.

Am flynyddoedd, lle pell a lle peryglus oedd y sowth . . .

Dwi'n ôl yn nhridegau'r ganrif dd'wetha' ar y comin uwchben fy nghartref. Yno mae cornel fach a chraig i'r defaid a'r ŵyn lochesu. I lawr fan'cw – Dyffryn Banwy. Ar noson o haf, mi fydd y brain yn dychwelyd i'r coed a bysiau'r Midland Red ar eu ffordd yn ôl i'r canoldir diwydiannol Seisnig ar ôl diwrnod ar draethau'r Bermo neu Aberystwyth. Gallaf eu dilyn bob cam o Fwlch y Fedwen, drwy'r Foel, Llangadfan a Llanerfyl cyn iddynt ddiflannu dros riw Caerbache yn y bwlch rhwng y Foel Bentyrch a'r Ddisgwylfa. Y tu draw a thu hwnt, Lloegr a'r byd. Y ffordd a'r drafnidiaeth yn dilyn rhediad y tir o'r gorllewin i'r dwyrain. Hynny o fysiau fyddai ar gael – dyna fyddai'r daith. Roedd mynd i Lanfair Caereinion, y Trallwng a Chroesoswallt yn llawer mwy cyfleus na Llanfyllin, Llangynog neu Lanbrynmair. Dyna hefyd oedd hanes y rheilffordd.

Yr union gyfyngiadau daearyddol hyn oedd yn ein pellhau oddi wrth rannau eraill o Gymru hefyd. O'r herwydd, pan fydd rhywun yn gofyn i mi o ble dwi'n dod, 'does gen i ddim anhawster. O'r canolbarth. O Faldwyn. Mae'r ateb cyntaf yn taro tant am fod gan bawb a phopeth ei ganol – gormod ohono'n aml! Lleoliad ar fap ydi'r canolbarth hwnnw. Mae Maldwyn yn wahanol. Hyd yn oed os y gellir ei lleoli ar fap, mae rhywun yn synhwyro dieithrwch ac anwybodaeth. Am bob math o resymau mae Môn, Morgannwg neu Geredigion yn fwy cyfarwydd ac yn ennyn ymateb mwy cadarnhaol. A lliwgar! Ond mi wn o brofiad beth ydi egluro'i leoliad a sôn am rai o'i blant. Hwyrach fod hynny ynddo'i hun yn dweud llawer am y sir a'i phobl.

Ond rhaid troedio'n ofalus. Rydym yn weddol ddiogel wrth sôn am naws a hinsawdd bro ac am y 'mwynder hwnnw a erys'. Gellir ei weld a'i deimlo. Tipyn mwy peryglus ydi labelu pobl neu genhedloedd. Dyna wnaeth Goebbels efo'r Iddewon ac Ann Robinson â'r Cymry. Tydi'r natur ddynol ddim yn unffurf nac yn ymddangos yr un fath i wahanol sylwebyddion. Sôn ydwyf am dueddiadau. Gwireb ddiogel ydi dal allan fod eithriadau i bob rheol ac y gall labelau fod yn gamarweiniol.

O fewn y genedl, pobl y canol yden ni. Ar fap Prydain, pobl y ffin a'r gororau. Mae hynny'n esbonio llawer. I ni blant gwledig Cymraeg y topie, roedd mynd i'r Ysgol Uwchradd yn Llanfair Caereinion yn brofiad cymhleth. Er bod elfennau a chymdeithasau Cymraeg cryf draw yn y dwyrain hwnnw, ar y cyfan, byd Seisnig ydoedd i ni. Er bod llawer o drigolion Llanfair a'r cylch yn Gymry Cymraeg, roedd naws Seisnig yno hefyd. Ar y dechrau, ac efallai'n or-sensitif, teimlwn fod plant y gwastadeddau bras yn edrych arnom ni, blant y bws, gyda chyfuniad o dosturi a chwilfrydedd. Oherwydd rhyw gymaint o gloffni yn ein Saesneg llafar, hwyrach fod yno hefyd duedd i amau'n deallusrwydd. Yn ffodus, gallem ateb unrhyw feirniadaeth neu ragfarn yn yr arholiadau, ar y maes chwarae ac ar lwyfan. Doedd plant y bryniau ddim, wedi'r cwbwl, yn dwp nac yn ddiniwed! Ac er i mi'n bersonol gael trafferth efo'r Saesneg am dymor neu ddau, deuthum i'w fwynhau. Un feirniadaeth ar fy nhraethodau Saesneg (fel fy Nghymraeg) oedd bod tuedd iddynt fod yn or-flodeuog. Mae'n eithaf posib fod hynny'n dal yn wir! (Fy unig gysur – y gall maldodi ac anwesu geiriau neu wrthrych fod yn arwydd o'n serch tuag atyn nhw).

Dwi ddim yn cofio unrhyw dyndra rhwng y ddwy iaith nac unrhyw awgrym y gallai'r Gymraeg fod mewn perygl. Doedd ei defnyddio ychwaith ddim yn weithred fwriadol o arwahanrwydd, na chyfeillgarwch yn dibynnu yn unig ar y gallu i'w siarad. Roedd 'na hen blant clên yn perthyn i'r ddwy ffrŵd.

Hwyrach fod dyfodiad y faciwîs o Lerpwl a Phenbedw wedi bod yn llymach prawf ar amynedd ac addfwynder. Roedd rhai ohonyn nhw'n wahanol iawn! Ar y pryd, digon prin ein bod ni, blant y fro, yn sylweddoli mor wahanol oeddem ninnau hefyd, yn siarad iaith annealladwy mewn cymdeithas wledig gydag arferion a chymeriadau oedd yn ymddangos ac yn swnio'n od. Er gwaethaf hyn i gyd, daeth y rhan fwyaf ohonynt yn rhan o'r gymuned gan gadw'r cysylltiad ar ôl dychwelyd. Ambell un, hyd yn oed, yn torri'i galon ac yn dewis troi'n ôl at y teulu a'r fro fabwysiedig.

Rydym ni'n gwybod hefyd y gall agosrwydd neu bresenoldeb y dieithr droi'n fygythiad ac fe all bygythiad, yn ei dro, greu adwaith creadigol o fewn y patrwm cynhenid. Fe fedr fod yn ymgyrch ymwybodol dros barhâd hen draddodiad, a hynny yn rhoi gwin newydd mewn hen lestri. Fe fedr fod yn anymwybodol. (Mewn rhannau eraill o'r Gymru wledig, gallaf feddwl am ddwy ardal benodol, un ohonyn nhw o brofiad personol. Tua chanol y ganrif ddiwethaf, byddai'r Aelwyd yn Aberporth yn dod â bwrlwm safonol i lwyfannau Eisteddfodau'r Urdd. Hon oedd bro'r Cilie. Yn yr un cyfnod, roedd tanio tra gwahanol, mwy sinistr. Wedyn, yn Nhrawsfynydd, bu presenoldeb y fyddin ers dechrau'r ganrif diwethaf ac Atomfa ar ôl hynny. Bûm yn dyst i fwrlwm cyffelyb mewn canu a llenydda hefyd. Gwrthbwynt bugeilgerdd a rhyfelgri. Roedd y Pelydrau a'r ymbelydredd yno'r un pryd).

Un elfen ymhlith llawer ydi'r tyndra hwnnw. Rwy'n sôn am ddiwylliant a gwareiddiad sy'n hŷn o lawer na'r pwysau a'r dylanwadau sy'n pwyso arno o'r tu allan ac o'i fewn. Cyfeiriais eisioes at *Awen Maldwyn.* Yno ceir cyfraniad y beirdd cydnabyddedig, boed amlwg neu beidio, ond mae'r diléit mewn mydr ac odl yn ymestyn ymhell y tu hwnt i'r ffurfiau eisteddfodol a derbyniol. Mae'n wir i ni gael ein siâr o Ceiriog ac eraill yn ysgol y Llan. Yno dysgu'r gerdd hirfaith, Alun Mabon, ar ein cof heb sôn am yr anogaeth i lunio ambell rigwm ein hunain. Ar ôl hynny, mentro i diroedd llai telynegol yn Ysgol Llanfair.

Roedd hefyd feirdd 'answyddogol' yn y fro. Nid canu'n barchus, ramantus am Alun Mabon a'i debyg oedden nhw, ond am ddigwyddiadau llawer mwy daearol! Byddai llawer ohono'n enllibus ac amhrintiadwy. Hwn oedd traddodiad baled a ffair. A chyda'r nos yng nghysgod y fynwent a'r gofgolofn yn y llan, caem hanes ambell dro trwstan neu gwymp oddi wrth ras o blith y rhai mwyaf parchus ohonom. Gallai fod yn greulon, ond rhan o'i bwrpas oedd dinoethi rhagrith a hunangyfiawnder. Roedd o hefyd yn fwy chwareus a llai gwenwynig na Charadog Evans a'i debyg. Mewn cymdeithas lle'r oedd meddwi a mynd dros ben llestri'n dargedau mwy cyfleus na chysgu efo'r forwyn neu wraig rhywun arall, gallai rhigymu peryglus o'r fath ofyn ambell gwestiwn o bwys am fuchedd a moesoldeb. Fe fu'r frawdoliaeth feiddgar honno'n rhan bwysig o addysg fy llencyndod.

Mae'r traddodiad yn dal yn fyw yn y papurau bro – er iddo hefyd barchuso erbyn heddiw! Yn sicr, mae mynd mawr o hyd ar lunio pennill neu englyn a'r beirdd ifanc yn dal i gadw llygad ar ein anghysonderau.

Gellid dadlau fod gwerth therapiwtig yn ogystal â chelfyddydol i fynegiant o'r fath. Yn sicr, mae'n rhagdybio agosrwydd, gonestrwydd, aeddfedrwydd a goddefgarwch. Ar ei orau mae dychan, fel tynnu coes neu dynnu blewyn o drwyn, yn cyfannu hefyd.

Soniais eisioes am y diffyg cyfleusterau teithio. Chawson ni fel teulu yn Aberdeunant erioed gar modur. Ffergi bach, y tractor, oedd y peth agosa', ac yn hwyr y dydd y daeth hwnnw. (Erbyn hyn, mae'r plant a'u plant hwythau yn cyrchu i'r canolfannau a fwyfwy yn dewis gweithio neu fyw yno). Gyda llawer o'r plwyfolion hefyd yn byw ymhell oddi wrth ei gilydd, y pentre, capel neu eglwys, y neuadd bentref (os oedd un) a'r dafarn oedd y mannau cyfarfod. Cymdeithas wedi ei hynysu oedd hi ac wedi gorfod dibynnu ar ei hadnoddau a'i doniau am ei diddanwch – yn ganu, adrodd, actio neu chwarae.

Weithiau byddai hynny'n rhan o fywyd y teulu, gan amlaf yn ganlyniad i ymdrech, ysbrydiolaeth ac amynedd maith arweinwyr lleol. Mae'n dyled i ymroddiad unigolion felly yn anfesuradwy. Fe garwn eu henwi, ond mae hynny o hyd yn golygu gadael rhywun allan. Nid y rhai amlwg 'chwaith, bob amser, ydy'r cymwynaswyr mwyaf. Mewn mwy nag un ardal bellach, bûm yn dyst i'w dawn. A dwbl ryfeddu. Yn aml, heb unrhyw hyfforddiant ffurfiol na phrofiad proffesiynol, ond ymlafnio a phydru 'mlaen. Mewn deuawd, pedwarawd, parti neu gôr – dysgu ac ymdeimlo â gwahanol liwiau ac ystyron geiriau, nodau a chordiau. Gwrando wedyn ar y mawl a'r cerydd: 'Côr o leisiau cyfoethog, yn cydsymud yn dda'. Weithiau, gwae ni! 'Biti fod ambell lais unigol i'w glywed. Dysgwch wrando ar eich gilydd'.

Mae i fywyd, fel i fiwsig, ei harmoni, ei gynghanedd a'i gydbwysedd. Nid y llais cryfaf bob amser ydi'r llais gorau. Ac mi gaf innau faddeuant am ramantu'n wirion wrth wrando ar leisiau fy henfro! Hwyrach fod 'na rywbeth yn naear ac awyr Maldwyn yn ogystal ag yn ein celloedd sy'n deall hynny! Cyfrwng rhyfeddol ydi'r llais i gyflwyno cân a chyflwyno'r cyfansoddwr. O gael hynny, gall mwynder fod yn wyleidd-dra ac yn ddatguddiad.

Na, dwi ddim am enwi neb. Ond fe fydd hiraeth yn Meifod. Fe rown y byd am glywed unwaith eto y llais hwnnw'n ddagrau i gyd:

Minnau 'nawr a 'mhen yn wyn
O! am orwedd ym Merwyn . . .

neu'r llais a'r llygaid a'm daliodd:

Ambell i gân a gaf yn y byd
Ond chwiliaf am wlad sydd yn ganu i gyd

A'r trwbadŵr crwydrol o weinidog anghonfensiynol a ddaeth ac a aeth fel y pibydd hud gan adael y plant i hiraethu ar ei ôl yn Llanfihangel-yng-Ngwynfa.

Dyna ran o Faldwyn sydd fel pe bai wedi aros yn ddigyfnewid trwy'r ugeinfed ganrif, ac wedi aros felly trwy'r holl chwyldro mewn syniadau a sefydliadau. Mae 'torri cwys fel cwys fy nhad' yn golygu rhywbeth, a lle'r fam yn serchiadau'r meibion wedi cael effeithiau pell-gyrhaeddol hefyd. Mae peidio â newid y drefn yn bwysig, a pheidio aflonyddu a ffraeo yn rhinwedd – rhywbeth er mwyn cael tipyn o lonydd! Osgoi gwrthdaro, gostied a gostio. Bu'r agwedd oddefol a goddefgar yma yn dipyn o anhawster i mi ar hyd y blynyddoedd. Fe'i hetifeddais fel rhan o'r cymod a'r heddwch y sonnir amdano yn y ffydd Gristnogol. Bu'n rhan hanfodol o'm heddychiaeth. Fe all fod yn wendid. 'Dyw peidio â gwneud drwg i rywun ddim yn gyfystyr â'i garu! A gwn o brofiad fod osgoi gwrthdaro angenrheidol yn aml yn waeth na gwrando ar ymbil 'Dal dy dir'.

Fe welir gafael y digyfnewid hefyd ar hanes gwleidyddol y sir. Sedd Ryddfrydol ydi hi ers cyn co' a hwnnw'n ryddfrydiaeth digon ystwyth i fod yn binc neu las golau! Eilun cyfnod fy mhlentyndod oedd Clement Davies. Roedd o uwchlaw unrhyw feirniadaeth neu fachlud. Er fod joch go dda o'r hen radicaliaeth yn ei waed, gallai fod, fel pob gwleidydd llwyddiannus, yn hyblyg iawn – weithiau'n Dori mewn brethyn cartref Cymreig, dro arall yn Gymro gwerinol, twymgalon. Nid yr un fyddai'i gân yn Llanbryn-mair a Llanymynech.

Yn naturiol, yr oedd pwyslais y Torïaid ar gadw-mi-gei yn taro tant. Er i Robert Richards o Langynog fod yn Aelod Seneddol Llafur dros Wrecsam am flynyddoedd, chafodd ei blaid ddim dyfnder daear ym Maldwyn. Na Phlaid Cymru 'chwaith. I etholaeth lle mae'r cyfarwydd yn gysur, roedd hi'n llawer rhy eithafol ac anoddefgar! Hwyrach fod ieuenctid bywiog y sir heddiw'n fwy anturus.

* * *

O sefyll ar ben y comin heddiw, yr un yw'r olygfa. Bu un ychwanegiad. Yn f'ymyl ar foncyn Craen, fe godwyd trosglwyddydd sy'n dod â gwell darlun o Gymru a'r byd i setiau teledu'r cwm. Agorodd technoleg a'i donfeddi lwybrau a chyfathrach newydd wrth droi'r plwyf yn fyd.

Fe fu'r cwm hefyd ar fap awyrennau'r Almaen a chlywem eu curiadau yn y nos wrth gyrchu tua glannau'r afon Merswy. Yn fuan wedyn, byddai'r awyr yn goch draw dros y Berwyn.

A chwalodd y naill a'r llall ein ffiniau a'n cocŵn?

Mi af i lawr unwaith eto i'r pentref. Un siop lle bu tair. Cofio Chris Gardden a minnau'n gogie yn mynd i ganu clennig. Mynd i siop Ruhama i brynu paced o Woodbines efo'r enillion. Cofio bod yn sâl a gweld y lle'n troi. A'r siop ar ôl hynny, fel gweithdy Percy'r crydd, yn fan cyfarfod. Y gweithdy hwnnw hefyd wedi cau, ond yr artist Eleri Mills wedi symud i mewn i weithdy newydd. Fy nghefnder yn ei weithdy yntau yn dal wrth ei grefft ac yn trwsio clociau'r fro. Un capel wedi cau. Y llall yn hen ddigon i'r ddwy gynulleidfa. Ecumeniaeth a synnwyr cyffredin. Yr ysgol yn drwyadl Gymraeg efo deunaw ar hugain o blant a daear ffrwythlon y fro'n addawol! Y garej yn nwylo'r un llinach a neuadd y pentre'n dal yn ganolfan.

Dwy ystad o dai newydd a dwy wraig yn siarad yn uchel *'We are in the majority here now'*. Anghywir ond bygythiol ac anffodus.

Picio draw i Llysun neu Lleifior, Islwyn Ffowc Elis. Fferm braf ar lawr y dyffryn. Cofio Ifan Jones yn ei ffermio, heddychwr, gŵr bonheddig, athro Ysgol Sul. Roedd gen i feddwl y byd ohono. Bu farw'n hanner cant oed, a bu newid perchnogaeth ond mae'r Llysun yn dal mewn dwylo diogel.

Gadael Llysun a chael fy nhemtio i droi i'r chwith i gyfeiriad Dolanog a Dolwar Fach. Ar y ffordd honno mae Coedtalog a Choedtalog Ucha. Mae i'r ddau le cynnes yn fy nghalon am resymau gwahanol. Mab Coedtalog Ucha yn yr un dosbarth â mi yn yr ysgol a'i dad yn canu tenor yn y côr meibion a pharti'r plygain. Mae ŵyr y tenor hwnnw, Glyn Davies, bellach yn aelod Torïaidd yn y Cynulliad. Cymraeg oedd iaith gyntaf ei dad. Bellach mae'r mab wedi ei meistroli.

Ond ymlaen i'r pentref. Anelu am Gwm Nant yr Eira (pa athrylith, tybed, a feddyliodd am y fath enw?), heibio'r ysgol a'r Diosg, cartref fy nain. Awydd troi i fyny i'r mynydd am Lyn Gynwydden. Yn blentyn, teimlo tangnefedd y lle, a chael yr un teimlad o ymdawelwch wrth fynd â'r teulu o Gaerdydd, flynyddoedd ar ôl hynny. Ond pydru 'mlaen.

Tŷ Mawr, Bryncoch, Pant yr Hendre. I fyny fan'cw, ar y chwith, Y

Gribin, cartref Ifan gynt – tipyn o rebel ond y ffeindia'n fyw. Erbyn hyn, arweinydd y *British National Party* sydd yno, ymgyrchydd yn erbyn estroniaid a mewnfudwyr a'i blant yn ysgol y Llan ac yn rhwydd eu Cymraeg.

Ymlaen â ni – Caerbwla, Dolhywel, Moelddolwen, Sychtyn, Llechwedd Du, Pengringoed, Hafod, Dolwen, Canon, Dolau, Capel Biwla, Tŷ Isa, Dolau Ceimion, Cwmderwen a draw drosodd i Dalerddig a Llanbryn-mair.

Mae tylluanod heno yn Nôl-y-garreg wen,
mae'r glaswellt tros y buarth a'r muriau'n llwyd gan gen,
a thros ei gardd plu'r gweunydd a daenodd yno'u llen.

Ni ddychwel yr hen leisiau yn ôl i Fiwla trwy
flin drais y ddwylath gweryd; bu'n ormod iddynt hwy.
Bydd dawel, galon ysig, a phaid â'u disgwyl mwy.

Y mwynder hen a geraist, ffoes ar annychwel hynt,
diflannodd gyda'r hafau bereidd-dra'r amser gynt.
Nid erys dim ond cryndod plu'r gweunydd yn y gwynt.

Cofio hen gymeriadau fel Luther Thomas yng nghapel Biwlah a gweld adfeilion o'i gartref ym mro fras Morgannwg a wnaeth y Curadur Amgueddfa, Iorwerth Peate. Ac fel yn fy hanes innau, bellach, mae'r mwynder yn hen! Heddiw, *Plu'r Gweunydd* yw enw'r papur bro lleol ac yn y ffermydd mae tair cenhedlaeth Gymraeg. A stori yfory.

Yn y tridegau, byseidiau o Birmingham ar eu ffordd tua'r lli –
Cwm i fynd trwyddo, nid iddo, oedd fy henfro i.

Dyddiau'r gwair yn pydru'n ddu mewn cors ddi-heulwen,
Dyddiau'r gwenith gwyn a'r ysgubor lawen.

Yna, yn gogie, diosg pob chwys a philyn
A phlymio'n noeth i'r dwfwn yn llyn y Felin.

Yng nghapel Rehoboth, y gair a'r gân yn trydaneiddio 'ngofod,
Y gwyn a'r gwridog, y goron ddrain, y gwin a'r wermod.

Yno, synhwyro cymhlethdodau ffawd
Sydd yn paganeiddio'r dwyfol ac yn sancteiddio'r cnawd.

Fan hyn mae fy hanfod a phob rhaid a rhinwedd,
Rhyw ddarn o hwn fydd yma i'm dal hyd y diwedd.

Cwmni Theatr Ieuenctid Maldwyn

Penri Roberts

Ganwyd Cwmni Theatr Maldwyn mewn casgen – Y Gasgen – i fod yn fanwl gywir! Well i mi esbonio. Yn saithdegau'r ganrif ddiwethaf, roedd Derec Williams a minnau'n aelodau o'r Gasgen – grŵp o lanciau o Ddyffryn Tanat (ar wahân i Derec, a hannai o Amlwch). Buom wrthi am rai blynyddoedd yn canu mewn Nosweithiau Llawen, cyngherddau, tafarndai ac yn y blaen. Mae'n debyg y byddwn yn cael ein cofio (os o gwbl) am ein recordiad/trefniant o *Llongau Caernarfon*. Buasem yn cael ein galw heddiw'n *'one hit wonders'*! Erbyn tua 1975 roedd y Gasgen i lawr i'r diferion olaf ac roedd hi'n bryd i ni fwrw'r corcyn olaf ar ei ben. Cofiaf ddyfyniad gan Derec ym mhapur newydd *Y Cymro* yr adeg honno, yn darogan y byddai ef a minnau'n gwneud rhywbeth arall gyda'n gilydd – rhyw ddiwrnod.

Daeth y diwrnod hwnnw yn 1981. Roedd Derec a minnau yn aelodau o bwyllgor drama Eisteddfod Genedlaethol Machynlleth ac yn ystod un o'r pwyllgorau, cynigiodd un ohonom y byddai'n syniad da petai rhywun yn cyfansoddi sioe gerdd ar gyfer ieuenctid y sir. Mae'r hen ystrydeb – os ydych chi'n cynnig rhywbeth mewn pwyllgor, 'dech siŵr o gael y job o'i wneud – yn hollol gywir yn ein hanes ni. Cynigiodd Meurwyn Thomas, Cadeirydd y pwyllgor, y dylai Derec a minnau fynd ati'n ddi-oed i gyfansoddi sioe ar gyfer y bobl ifanc. Derbyniwyd y cynnig hwn yn wresog gan bawb – gan adael y ddau ohonom i grafu'n pennau am wythnosau, cymaint fel y dechreuais golli fy ngwallt! Buom yn trafod gwahanol bynciau a themâu. Blodeuwedd oedd hi i fod ar y dechrau, ac fe gyfansoddwyd un gân cyn rhoi'r ffidil yn y to. Serch hynny, defnyddiwyd y gân honno yn y sioe a berfformiwyd ar lwyfan y brifwyl – *Y Mab Darogan*. I'r rheiny sy'n gyfarwydd â drama enwog Saunders Lewis, sylweddolir mae o'r ddrama honno y daeth y gân, *Bedd heb yfory yw dy serch*.

Gan mai ym Machynlleth yr oedd yr Eisteddfod yn cael ei chynnal, teimlai'r ddau ohonom y dylem ystyried ysgrifennu sioe gerdd am Owain Glyndŵr, ac felly y bu. Treuliasom rai misoedd yn gwneud ymchwil i hanes Owain, gan bori'n ddwfn i'r clasur gan J.E. Lloyd. Buom yn trafod pa fath o bortread o'r arwr y dymunem ei roi ger bron y genedl, gan benderfynu ceisio dangos rhinweddau y dyn teuluol, y gwleidydd a'r gwladweinydd. Roeddem yn ymwybodol drwy'r adeg o'n cyfrifoldeb tuag at arwriaeth ein testun ond mynasem geisio edrych ar gryfderau ac amheuon y dyn ei hun. Daeth y dull hwn o ymchwilio dwys, y trafod a'r anghytuno, o geisio gwthio'r terfynau yn rhan o'n dull ni o ysgrifennu gydol y blynyddoedd.

Roedd Derec a minnau'n ymwybodol o'r dechrau bod angen cerddor i gydweithio gyda ni. Roedd y ddau ohonom yn gallu cyfansoddi alawon, ond yr un ohonom yn gallu darllen nac ysgrifennu cerddoriaeth. Cawsom hyd i gerddor ifanc o'r fro ac fe gyfansoddodd alawon da iawn, ond un noson wrth i ni ei gyfarfod i glywed darn a gyfansoddodd, sylweddolodd Derec a minnau nad oedd yr alaw'n cydfynd â theimlad y geiriau i ryw olygfa arbennig. Wrth i ni fod yn onest ac agored gydag o – mae'r ddau ohonom yn greulon o onest gyda'n gilydd – daeth yn amlwg nad oedd yn gwerthfawrogi gonestrwydd o'r fath ac mi bwdodd, cyn ein gadael a mynd â'i alawon gydag o! Roeddem mewn tipyn o dwll erbyn hyn. Roedd y siarad plaen wedi suro'r llaeth. Yna, fe gofiodd Derec am gyn- ddisgybl o Ysgol Uwchradd Llanidloes, lle'r oedd o'n athro – merch o'r enw Linda Mills. Erbyn hynny, roedd hi wedi graddio mewn cerdd o Brifysgol Bangor ac yn dysgu mewn Ysgol Uwchradd ym Mae Colwyn. O fewn tymor, cafodd Linda swydd yn Ysgol Gynradd Maes-y-Dre yn y Trallwng, ac o'r adeg honno ymlaen fe ddisgynnodd popeth i'w le.

Aeth y tri ohonom ati i gynllunio, ysgrifennu a chyfansoddi. Cawsom gymorth arbennig gan Meurwyn Thomas a gynigiodd weithredu fel Cyfarwyddwr y sioe gydag Elgan Williams i'w gynorthwyo. Penodwyd Ned Harris yn weinyddwr ar y cwmni newydd a fedyddiwyd yn *Cwmni Theatr Ieuenctid Maldwyn*. (Bu'n rhaid diosg yr 'Ieuenctid' wrth i'r blynyddoedd fynd heibio!) Ymunodd dau ŵr arall â'r tîm – Gareth Owen fel cynllunydd y set a Jon Savage fel technegydd – dau a fu'n rhan o lwyddiant y cwmni dros y blynyddoedd.

Fe benderfynasom deithio i Lundain i weld y sioe *Evita*, a chawsom wahoddiad i gyfarfod â'r criw technegol er mwyn gweld y cynlluniau golau, sain a set. Bu'r ymweliad hwn yn fuddiol iawn i ni, ac fe wnaeth i ni geisio ymgyrraedd at safonau profesiynol ar gyfer ein holl gynyrchiadau, er nad oeddem yn medru gwario'r miliynau fel y gwnaent yn Llundain! Un ddamcaniaeth arall a ddaeth yn rhan o'n cyfansoddiad cerddorol yr adeg hwn oedd y ffaith fod yn rhaid i'r alawon fod yn ganadwy a chofiadwy. Roedd rhaglen deledu Saesneg o'r enw *The Old Grey Whistle Test* yn boblogaidd ar y pryd – rhaglen yn ymwneud â'r byd canu roc. Mae'r hanes y tu ôl i enw'r rhaglen hon yn ddiddorol; hen ddynion a ysgubai'r llwyfannau yn eu cotiau llwydion ar ddiwedd sioe yn Llundain, oedd yr *Old Grey's*. Pe byddent yn chwibanu alawon y sioe a ddigwyddai fod yn cael ei berfformio ar y llwyfan ar y pryd, gwyddai'r cynhyrchwyr fod ganddynt sioe lwyddiannus ar eu dwylo. Hynny yw, os oedd yr alawon yn gofiadwy i'r *Old Greys*, byddai'r pobl a fynychai'r theatr yn eu cofio hefyd. Gyda'r egwyddor hon yn ein meddyliau y daeth y gytgan syml:

Ie Glyndŵr, Ie Glyndŵr,
Clywir sôn am hwn ym mhobman,
Dyma fo y Mab Darogan,
Dyma'r union ddyn i'n harwain ni, Glyndŵr.

Wrth i'r Mab Darogan ddechrau cymryd siâp, fe ddechreuon ni feddwl sut allen ni hel criw i berfformio'r sioe. Cynhaliwyd gwrandawiadau mewn gwahanol rannau o'r sir, mewn neuaddau pentref a thafarndai. Disgwyliem i ddarpar aelodau ganu caneuon modern yn ystod y gwrandawiadau, ond yr hyn a gawsom ni fwyaf oedd emynau ac ambell i gân werin. Aflwyddiannus fu'r holl syniad o gynnal gwrandawiadau, ac ni fuom yn ddigon ffôl i ailadrodd hynny mewn cynyrchiadau eraill. Er hynny, daeth y drefn o gynnal gwrandawiadau ar gyfer dewis prif gymeriadau yn hynod o lwyddianus. Nid oedd yn fwriad gen i i gymeryd unrhyw ran yn y cynhyrchiad ei hun. Wedi dewis y prif gymeriad (Owain) sylweddolwyd o fewn rhai wythnosau, ein bod wedi gwneud camgymeriad, a daeth y cymeriad a ddewiswyd i chwarae'r rhan i'r un casgliad ei hun. Oherwydd prinder amser ymarfer, rhoddwyd pwysau arnaf innau i chwarae rhan Owain, a dyna a fu. Profiad anhygoel i bob un ohonom oedd perfformio o flaen miloedd yn y Pafiliwn a gweld a theimlo gorfoledd y gynulleidfa ar ddiwedd y sioe.

Roedd arwr personol i mi, Gwynfor Evans, ymhlith y miloedd a oedd ar eu traed ar ddiwedd y noson.

Yn dilyn yr Eisteddfod yn 1981, aed a'r sioe ar daith i theatrau ar draws y wlad, o Theatr Gwynedd i Theatr y Werin, i Lanelli a Chaerdydd, cyn recordio'r cyfan ar gyfer S4C yn Theatr Hafren y Drenewydd. *Y Mab Darogan* oedd un o'r rhaglenni cyntaf i gael ei ddarlledu ar S4C yn Nhachwedd 1982.

Yn dilyn *Y Mab Darogan*, fe gyfansoddodd y tri ohonom ddwy sioe arall – *Y Cylch:* stori ddychmygol wedi'i seilio ar glwb nos yn nauddegau'r ganrif ddiwethaf, a'r *Llew a'r Ddraig,* stori ddychmygol arall. *Y Cylch* ddaeth â Nerys Jones i'r amlwg fel prif gymeriad am y tro cyntaf, er iddi fod yn cysgodi Mererid Turner yn rhan Marged, gwraig Owain yn *Y Mab Darogan.* Erbyn hyn, mae Nerys wedi datblygu'n gantores o fri, ac i'w gweld yn perfformio mewn rhai o dai opera mwya'r byd. Roedd Barrie Jones, cyfreithiwr ifanc o Gemaes eisoes wedi cael rhan amlwg yn *Y Mab Darogan* ac ef chwaraeodd ran rheolwr y clwb nos. Cafodd Alwyn Siôn ei ran unigol gyntaf fel perchennog y clwb, ond er rhyddhad iddo yntau ac i bawb arall – nid oedd rhaid iddo ganu! Sioe gyntaf Geraint Roberts ydoedd *Y Cylch* hefyd. Mae tri o aelodau'r Cwmni wedi cymryd rhan ym mhob sioe gydol yr ugain mlynedd, sef Robin Glyn Jones, Margaret Lewis a Barrie Jones.

Yn 1988, gwahoddwyd Derec, Linda a minnau i gyfansoddi sioe ar gyfer Eisteddfod Genedlaethol yr Urdd yn y Drenewydd. Buom yn chwilota yn y llyfrau hanes eto, a deuthum o hyd i hanes Siartwyr Llanidloes oddeutu 1839. Seiliwyd y sioe ar ddigwyddiadau'r gwrthryfel cymdeithasol a gwleidyddol ac ar gymeriadau go iawn. Llwyddodd y Siartwyr i reoli tref Llanidloes am bum niwrnod – *Pum Diwrnod o Ryddid* – cyn i filwyr y brenin gyrraedd a dal arweinwyr y gwrthryfel. Carcharwyd rhai ohonynt yng Ngharchar Trefaldwyn ac alltudiwyd eraill i wersylloedd penydiol yn Awstralia. Cefais hanes un ohonynt, James Morris gan ddisgynnydd iddo (Ron Morris, cyn-athro hanes imi yn Ysgol Uwchradd Llanfyllin); yn ôl yr hanes, cafodd James Morris ei lofruddio yn Awstralia flynyddoedd ar ôl iddo gael ei ryddhau. Roedd Maer y dref ar y pryd, gŵr o'r enw T.E. Marsh yn gocyn hitio i'r Siartwyr, ynghyd â pherchnogion y ffatrioedd gwlân. Dyma garfan o bobl na fynnai weld gofynion y Siarter yn dod i rym, gan y byddai'n rhoi hawliau i'r gweithwyr h.y. yr hawl i bleidlais i bob dyn, yr hawl i sefyll fel ymgeisydd seneddol ac yn y blaen.

Mae'n debyg bod y rhan fwyaf o bobl sy'n ysgrifennu am ddigwyddiadau hanesyddol mewn ffurf nofel neu ddrama, yn ysgrifennu o ryw ogwydd neu'i gilydd. Roedd ein safbwynt ni o blaid y gweithwyr ac fe benderfynom wneud Marsh a'r Bonedd yn rhyw fath o gymeriadau cartwnaidd – yn destun sbort i raddau. Tra oeddem yn ymchwilio i hanes y gwrthryfel, daethom o hyd i gartŵn o un o bapurau newydd Llundain yr adeg yn darlunio'r Siartwyr fel bobl budr, di-egwyddor, hyll. Ein penderfyniad ni ydoedd troi'r darlun wyneb i waered. Roedd un gŵr o Lanidloes wedi gwirioni cymaint efo'r sioe *Pum diwrnod o Ryddid*, fel iddo ddod i sawl perfformiad. Roedd wedi darllen llawer am yr hanes ac roedd yn uniaethu â chyflwr gweithwyr y cyfnod. Dywedai ei fod yntau hefyd yn ddisgynnydd i un o'r Siartwyr. Roedd ganddo gas pur at yr hen T.E. Marsh, a dywedodd wrthyf y byddai'n aml yn cerdded i mewn i Eglwys y plwyf yn Llanidloes, lle mae Marsh wedi'i gladdu o dan yr ystlys, a chan fod yn ofalus nad oedd neb yn ei wylio, poerai ar lechen cofeb Marsh a chrafu'i sawdl drosti! Mae yna rhyw draddodiad radicalaidd yn dal i berthyn i dref Llanidloes.

Ni all r'un brenin na senedd,
Na byddin na'i grym,
Byth ddiffodd y fflamau
Ddechreuwyd fan hyn.
Parhau fydd y frwydr
Am mai hyn sydd i fod,
Y wawr sydd ar dorri –
Rhyddid sydd ar ddod.

Pan ddaeth gwahoddiad i gyfansoddi sioe ar gyfer Eisteddfod Genedlaethol De Powys yn Llanelwedd 1993, roedd y tri ohonom yn weddol benderfynol ein bod am chwilio am stori oedd â merch yn brif gymeriad ynddi. Gyda hynny mewn golwg, fe ddechreuom ymchwilio i hanes y dywysoges Heledd. Gwyddem fod Heledd yn chwaer i Tywysog Powys, Cynddylan, ac mai Pengwern (Amwythig heddiw) oedd pencadlys eu tiriogaeth. Gwyddem hefyd fod y teulu hwn yn teyrnasu tua'r 7fed Ganrif, ac mai'r unig ffynhonell uniongyrchol i'r stori fyddai Canu Heledd. Credir mai Llywarch Hen a ysgrifennodd barddoniaeth Canu Heledd o leiaf canrif ar ôl ei marwolaeth. Teimlasom o'r dechrau fod rhyw deimlad o euogrwydd yn rhedeg trwy'r canu, bod Heledd yn beio'i hun am y gyflafan a ddigwyddodd. Roeddem yn gadael i'n dychymyg redeg braidd yn wyllt erbyn hyn! Cofiaf i Derec ysgrifennu geiriau cân olaf y sioe, cyn i ni orffen gosod llinell y stori, cyn i ni ysgrifennu geiriau'r gân gyntaf:

Rhaid i mi fyw i ddiodde'r eithaf gosb,
Sy'n waeth na marw, ganwaith gwaeth i mi,
Y gosb, y gosb, yr erchyll, eithaf gosb – o fyw.

Yn y geiriau hyn y mae hanfod y sioe – sef mai Heledd a fu'n gyfrifol am dynged ei theulu – a bod yn rhaid iddi hithau fyw gydag oblygiadau yr hyn a wnaeth. Mae ein stori ni yn mynnu ei bod wedi priodi'r Brenin Penda, Brenin Mersia, a oedd yn ffinio â Gwlad Powys. Peth digon cyffredin yn y dyddiau hynny ydoedd priodasau o'r fath, a'u hanfod oedd diogelu'r naill deulu a'r llall, er mwyn ceisio sicrhau heddwch rhwng tiriogaethau a fu'n brwydro â'u gilydd am ganrifoedd mae'n debyg. Priodas wleidyddol.

Roeddem yn teimlo nad oedd Heledd yn fodlon gyda'r ffaith ei bod yn cael ei defnyddio yn y ffordd hyn, ond mae yna fwy na hynny'n perthyn i'w theimladau – yn ein creadigaeth ni o leiaf. Teimlem fod ganddi gariad angerddol tuag at Pengwern a'i theulu – ac fe geir awgrym fod ganddi deimladau annaturiol tuag at ei brawd Cynddylan Wyn. Yn ein tyb ni, roedd Penda yn ymwybodol o'r teimladau hynny a dyna pam, pan adawodd Heledd ef, y bu cymaint o ddial ar Cynddylan. Pan redodd Heledd i ffwrdd, ni fodlonodd Penda ar ei lladd hi, nac ychwaith ar ladd ei brawd Cynddylan; bu'n gyfrifol am gyflafan anghredadwy – sef difa'r teulu oll, llosgi eu tiroedd 'Y Dref Wen' ac Eglwysi Basa (Baschurch heddiw) gan sicrhau nad oedd gwelltyn yn tyfu ar eu hôl. Ond fe gafodd Heledd fyw – i deimlo'r poen, i fyw gyda'r hyn yr oedd hi'n gyfrifol amdano. Credwn fod yna wir angerdd yn perthyn i'r sioe hon – yn y geiriau a'r gerddoriaeth.

Pan ddaeth yn amser i chwilio am y prif gymeriad, roedden ni'n ymwybodol ein bod yn edrych am ferch ifanc arbennig iawn. Mae'r tri ohonom erbyn hyn, yn ymwybodol ein bod wedi bod yn edrych ar wynebau'r merched ifanc, hyd yn oed yn yr ymarfer cyntaf, gan edrych amdani. Cofiaf Derec yn gofyn i mi ar ddiwedd yr ymarfer cyntaf – 'Ydy hi yma?' Roeddem yn edrych am lais hudolus, am bresenoldeb llwyfan, am ferch ddibrofiad, y gallen ni ei mowldio i'r rhan. Credaf bod hyn wedi bod yn rhan o'n cynllun gydol y blynyddoedd – sef edrych am dalent amrwd, pobl ifanc y gallem eu datblygu i chwarae prif rannau am y tro cyntaf yn eu bywyd. Tipyn o fenter yw trefniant o'r fath, a gall llawer fynd o'i le. Fe welodd Derec, Linda a minnau'r ferch – Sara Meredydd – merch dwy ar bymtheg oed, a oedd yn ddisgybl yn Ysgol Uwchradd Bro Ddyfi ar y pryd. Gwelsom rinweddau arbennig ynddi, ac ni chawsom ein siomi. Fe gymerodd hi'r rhan ac fe gawsom berfformiad anhygoel ganddi yn yr Eisteddfod yn Llanelwedd, ar y daith o amgylch theatrau Cymru ac yna, yn y cynhyrchiad teledu o'r sioe i Gwmni Teledu Opus.

Mae'n rhyfedd sut y daw rhyw stori fach newydd yn sgîl pob sioe, fel yr un am y cymeriad hwnnw yn Llanidloes. Clywsom wrth i baratoadau sioe *Heledd* fynd rhagddynt, am deulu hollol Saesneg, yn byw yn un o'r ffermydd ar y ffin. Roedd y Gymraeg wedi marw ers canrifoedd lawer yn y teulu a'r ardal, ond – ac mae hyn yn wyrthiol yn fy nhyb i – roedd y teulu wedi cadw'r cof am stori Heledd dros y canrifoedd ar lafar gwlad wrth iddi gael ei hadrodd yn Saesneg o un cenhedlaeth i'r llall, a phan fyddai'r teulu hwn yn mynd i'r Amwythig byddent yn dweud, *'We're going to Pengwern today'*. Anhygoel! Mae'n rhyfedd meddwl bod 'Pengwern Road' a *Pengwern Arms* i'w gweld yn yr Amwythig hyd heddiw. Faint o drigolion y dref a ŵyr yr hanes tybed?

Mae'r stori uchod yn fy atgoffa o'r ffermwr hwnnw a atebodd ffermwr arall a wnaeth y sylw ei bod hi'n fore oer, ym marchnad y Trallwng ar fore Llun. 'Ydy,' atebodd, 'hen wynt oer Pengwern.' Dyma ddywediad sydd wedi goroesi'r canrifoedd, ac mae o'n ddywediad rhyfeddol. Gall rywun ddychmygu sut y daeth y dywediad hwn i fodolaeth. Hen wynt oer Pengwern – gwynt oer y dwyrain – ond yn fwy na hynny, hen wynt oer y gorffennol, y gwynt hwnnw a ddaeth i ddifa cadlys a choedlan, teulu a thiriogaeth, pobl a bro. Byddai'r gyflafan ym Mhengwern wedi achosi cenedlaethau i arswydo wrth glywed yr enw. Hen wynt oer Pengwern.

Mae ein perthynas â Chwmni Teledu Opus yn un bendigedig. Bu Mervyn Williams a Hefin Owen yn gefnogol tu hwnt i'r Cwmni, gan gomisiynnu sawl sioe dros y blynyddoedd a pharchu ein gwaith. Cawsom gomisiwn ganddynt tua 1990 i ysgrifennu oratorio ar gyfer S4C. Seiliwyd hwn, *Myfi Yw* ar Efengyl Ioan – Yr Wythnos Sanctaidd. Cawsom gyfle i dorri tir newydd i'r Cwmni drwy berfformio mewn eglwysi a chapeli gorlawn ar hyd a lled y wlad cyn recordio'r gwaith yn Eglwys Llanbadarn, ger Aberystwyth ar gyfer S4C.

Dyna ddod i'r presennol. Cawsom wahoddiad i ysgrifennu sioe i

Eisteddfod Maldwyn 2003, ym Meifod. Fe ddechreuon ni ar y gwaith o drafod testunau yn Ionawr 2002, gan benderfynu ystyried ysgrifennu sioe ar fywyd Ann Griffiths, Dolwar fach. Unwaith eto, roeddem yn ymwybodol iawn ein bod yn delio gydag arwres cenedl, yn ogystal â'r cyfrifoldeb sy'n dod gyda hynny. Roedd yn rhaid i ni ofyn dau gwestiwn: oes 'na ddeunydd sioe yma? – ac allwn ni'n tri ysgrifennu'r sioe honno?

Mae llawer o ddeunydd ysgrifenedig am y ferch ifanc sy'n cael ei hystyried heddiw i fod yn un o brif emynwyr Cymru. Fe geision ni ddarllen yn helaeth, ymgynghori gydag arbenigwyr megis Derec Llwyd Morgan, a threulio amser yn Nolwar fach gyda'r teulu presennol – teulu sy'n haeddu rhyw fath o anrhydedd gan genedl y Cymry am barhau i gynnig drws agored i bererinion, fel eu cyndadau dros y ddau can mlynedd diwethaf. Treuliasom oriau difyr yng nghwmni Nia Rhosier yn Hen Gapel John Hughes – dyma wraig arall sydd wedi gwneud cymwynas â'r genedl. Os cewch gyfle, ewch yno am dro. Aethom draw i'r Llyfrgell Genedlaethol yn Aberystwyth, lle cawsom weld yr unig lythyr sydd ar gael yn llawysgrifen Ann Griffiths, gan ryfeddu ar lawysgrifen daclus merch na chafodd unrhyw addysg ffurfiol. Daethom i'r penderfyniad yn haf 2002, wedi oddeutu 6 mis o ddarllen a thrafod, ein bod am roi cynnig ar ysgrifennu sioe ar Ann Griffiths.

Mae'r broses o ysgrifennu sioe gerdd yn cymryd tua deunaw mis i ni fel rheol a byddwn yn cychwyn drwy ymchwilio, trafod ac yna trwy ysgrifennu'r 'llyfr'. Golyga hyn wythnosau lawer o waith, cyn y gallwn fentro ysgrifennu gair o'r sioe ei hun. Byddwn yn trafod cynnwys pob golygfa a rhinweddau pob cymeriad, penderfynu beth yw hanfod y sioe. Sioe Gerdd yw'r cyfrwng a thrwy'r cyfrwng hwnnw y byddwn ni'n darlunio bywyd y ferch o Ddolwar Fach. Hawdd fyddai ysgrifennu pasiant, gan gynnwys nifer o'i hemynau hi, ac yn sicr byddai'r cyfrwng hwnnw'n plesio llawer – ond nid ni ein tri. Gwyddom ein bod yn ei mentro hi wrth ddefnyddio cyfrwng y sioe gerdd, ac amser a ddengys a fyddwn ni'n llwyddiannus ai peidio. Tri prif gymeriad fydd yn y sioe – Ann, John Hughes ac Iesu Grist. Un o'r problemau mwyaf a wynebwn yw sut i ddarlunio perthynas gyfriniol Ann â Christ. Credwn y gall y cyfrwng ein helpu – trwy'r gair, cerddoriaeth, trefniant lleisiol ac offerynnol, llwyfanu, set a golau a pherffformiad y prif gymeriad – gobeithiwn fedru darlunio berthynas unigryw Ann â Iesu Grist. Er i ni benderfynu ar y dechrau na fyddem

24

yn cynnwys emynau Ann yn y sioe gerdd, mae'n anhygoel sut mae ei geiriau a'i hymadroddion wedi treiddio i'n caneuon ni.

Efallai y byddai'n syniad imi, cyn tewi, i ddweud ychydig am ein dull ni o ysgrifennu a chyfansoddi. Byddwn yn trin a thrafod, darllen ac ymchwilio am gyfnod maith cyn ysgrifennu'r 'llyfr'. Yna, pan fydd y 'llyfr' yn orffenadwy, bydd Derec a minnau'n cymryd gwahanol olygfeydd i'w hysgrifennu. Gallwn weithio fel hyn, oherwydd ein bod wedi gwneud cymaint o waith trafod ymlaen llaw, yn gwybod pa fath o gymeriadau ydynt a beth sydd ganddynt i'w ddweud. Yna, weithiau bydd Linda'n cyfansoddi alaw i fynd gyda'r geiriau. Yn amlach na heb, bydd y tri ohonom yn cyfarfod i gyfansoddi'r alawon o amgylch y piano. Byddwn yn trafod rhinweddau'r geiriau a'r teimladau ac yna bydd Linda'n taro nodyn, a minnau'n chwilio am linell gerddorol. Linda wedyn yn ychwanegu neu newid ymadrodd a Derec yn gwrando ac yn cynnig syniadau. Un ffaith ryfeddol i mi a Linda yw fod Derec yn gwybod yn iawn pan fydd rhywbeth yn iawn, er nad ydy o'n gallu canu nodyn mewn tiwn. Ond mae o'n gerddor da iawn, a chyda dawn anhygoel Linda wrth drefnu'r cyfan i leisiau, daw'r cyfanwaith at ei gilydd.

Dathlodd Cwmni Theatr Maldwyn ei ben-blwydd yn ugain oed gyda Chyngerdd arbennig yn Theatr Hafren y Drenewydd yn Hydref 2001. Fe recordiwyd y cyngerdd gan Gwmni Teledu Opus ac fe'i darlledwyd ar S4C dros ŵyl y Nadolig.

Bu'r daith o 1981 hyd y presennol yn un hir a difyr. Dros y blynyddoedd bu cannoedd o bobl ifanc a chanol oed yn aelodau o'r cwmni a llwyddwyd i ddifyrru cynulleidfaoedd ar hyd a lled Cymru. Aeth nifer o bobl ifanc ymlaen i wneud enwau iddynt eu hunain yn y byd adloniant a bu bywyd cymdeithasol y Cwmni yn bwysig i lawer. Deilliodd dwsinau o briodasau o'r gyfathrach glòs a fu dros y blynyddoedd yn un teulu mawr.

Eleri Mills

Ioan Roberts

'Dwi'n falch o fod yn ffarmwr,' meddai Eleri Mills, ac er ei bod hi'n gwenu wrth ddweud, mae hi o ddifri. Mae hi o ddifri hefyd am ei gwaith arlunio. Wrth siarad mae'n symud lluniau o le i le, yn hongian rhai llydan ar hoelion fel dillad ar lein, tynnu rhai bach o droriau a'u rhoi ar y bwrdd, gosod rhai hirfain, talach na hi ei hun, i bwyso yn erbyn wal, yn rhoi rhai o'r neilltu a dod ag eraill yn eu lle. Mae'r stiwdio'n dechrau troi'n oriel. Bryniau, coed, caeau, ceffylau, gwreiddiau, traddodiad, parhad – dyna'r geiriau sy'n britho'i sgwrs, a'r themâu sy'n gwau trwy ei gwaith. Brwsh a nodwydd, nid caib a rhaw yw ei harfau. Dydi hi ddim yn edrych fel ffarmwr. Ond os mai gofal am ddaear Sir Drefaldwyn yw'r maen prawf, mae ganddi'r un hawl i'r teitl hwnnw ag sydd gan unrhyw labwst gwritgoch ym marchnad Croesoswallt.

'Dwi wedi bod yn datblygu fy ngwaith ers tri deg o flynyddoedd,' meddai. 'Ond o'r cychwyn cynta, y tir ydi'r peth pwysig.'

Ond nid tynnu coes y mae hi wrth ddweud ei bod hi'n ffarmio, a fyddai hi ddim allan o'i chynefin mewn sioe neu farchnad anifeiliaid. Ers marwolaeth ei thad y llynedd fe gafodd hi a'i gŵr Robert, sy'n bensaer tirlunio wrth ei waith, gyfrifoldebau newydd.

'Ro'n i wastad yn helpu Dad yn ei waith, wedyn ni rŵan sy'n gyfrifol am redeg y ffarm,' meddai. 'Den ni'n gosod y rhan fwya o'r tir ond den ni wedi dewis cadw tua deuddeg cyfer ac mae gennom ni ryw hanner cant o ddefaid.'

Dydi'r ffarmio a'r arlunio ddim yn rhannu'n dwt i waith a hobi. Rhan o'r un gwead ydi'r ddau. Does dim syndod felly bod marwolaeth ei thad, yr oedd hi'n agos iawn ato, wedi dylanwadu'n uniongyrchol ar ei gwaith fel artist. Mae wrthi'n gwneud cyfres o dirluniau sy'n seiliedig ar dir y ffarm, fel ffordd o ddygymod â hiraeth. 'Dwi ddim yn ei weld o fel peth melancolaidd o gwbwl, ond fel rhywbeth positif,' meddai. 'Trafod harddwch y lle ydw i. Trafod mawredd y lle, a thrio gwneud synnwyr o fywyd trwy gyfrwng y tir.'

Er bod ei gwaith wedi cael ei weld a'i edmygu mewn sawl rhan o'r byd, mae'r tir a symbylodd lawer ohono yn gyfyng iawn ei ffiniau.

'Wrth gael ei godi ar ffarm mae rhywun yn dod i adnabod pob modfedd o'r lle. Dwi'n gallu gweld y lle mewn ffordd hollol wahanol i rywun sy'n ymweld. Mae 'na draddodiad yng Nghymru i arlunwyr – rhai ohonyn nhw'n enwau mawr iawn fel Turner a Sutherland – i fynd ar y *tour* i ymweld â rhyw le a'i gofnodi fo. Fedrwn i ddim gwneud hynny. Rydw i'n gallu gweld y lle o bersbectif mor wahanol. Does gen i ddim diddordeb yn unlle ond y lle dwi'n ei adnabod. Mae fy nefnydd i i gyd o dan fy nhraed.'

Yr hyn sy'n gwneud gwaith Eleri Mills yn unigryw yng ngolwg llawer yw'r ffaith ei bod yn cyfuno gwaith nodwydd gyda thechnegau mwy confensiynol yr arlunydd. Er ei bod yn cytuno fod hyn yn 'ecsentrig' mae hi o'r farn bod gormod o bwyslais wedi ei roi ar y peth.

'Mae pobol yn gwneud llawer o ffys am y cyfrwng, ond tydi'r cyfrwng ddim yn bwysig i mi yn y diwedd,' meddai. 'Y testun sy'n bwysig. Damweiniol ydi'r cyfrwng.'

Serch hynny, mae'n credu bod y ddwy dechneg wedi eu hetifeddu o ddwy ochr ei theulu. Gan ei thad, meddai, y daeth y reddf arlunio. Arwydd o hynny yw bod ei chyfnither, Christine Mills, artist ddisglair arall yn yr ardal, wedi etifeddu'r un anian. 'Ond fuasai ganddi hi ddim yr un diddordeb yn y gwaith gwnïo. Mae Christine fwy am fynd ar ôl syniadau.'

'Gan ochr Mam y dysgais i wnïo. Roedd hi a'i mam, a chwiorydd honno yn grefftwyr da. Roedd 'na wastad draddodiad o wnïo cain iawn yn y teulu a mi ges fy magu yng nghanol hwnnw.'

Y peth pwysig, meddai, yw bod pob arlunydd yn datblygu ei arddull ei hun, fel llais neu lawysgrifen sy'n ei wneud yn wahanol i bawb arall. Yn ei hachos hi fe all hynny gael ei fynegi ar bapur mewn paent a siarcol a phastel, neu ar ddefnydd gan gyfuno'r cyfryngau hynny gyda gwaith gwnïo. Er mwyn dangos y ffordd mae'n gweithio, mae'n taenu darnau o ddefnydd ar y bwrdd – gweithiau newydd eu dechrau. Yn fy anwybodaeth roeddwn i'n meddwl mai mater o baentio gyntaf a gwnïo wedyn oedd hi, ond mae'n fwy cymhleth na hynny. 'Mi fydda i'n cychwyn y gwaith pwytho, paentio rhywfaint ar y defnydd, weithiau'n gosod haenau o ddefnydd arall ar y top ac wedyn yn gwneud rhywfaint o bwytho – y ddau beth yn gweithio trwy'i gilydd, tynnu darnau i ffwrdd a rhoi mwy ymlaen, mae o fel rhyw broses organig o wahanol haenau. Mae gen i ryw fath o batrwm yn fy meddwl, ond mae pob darn yn antur ynddo'i hun. Does gen i ddim rheolaeth lwyr ar y diweddglo – mae rhywun yn mynd gerfydd ei drwyn. Sbïo a gwneud, sbïo a gwneud.'

Yr unig wahaniaeth yn y pen draw rhwng gweithio ar bapur ac ar ddefnydd ydi'r pris, meddai. Mae'r gwaith nodwydd yn cymryd llawer mwy o amser. Mae'n pwyntio at bâr o luniau tal sy'n gyfuniad o baentio a phwytho. 'Mi fuo'r ddau ddarn yna ar y gweill am flwyddyn a hanner i gyd. Doeddwn i ddim yn siŵr beth oedden nhw pan o'n i'n dechrau. Mae o i gyd yn antur, does gen i ddim cynllun mewn gwirionedd pan fydda i'n mynd ati, dim ond rhyw fath o fframwaith neu sgets yn fy meddwl. Ond mae'r darnau gorau wastad yn dod yn ddamweiniol bron. Cychwyn, a wedyn yr agoni mae rhywun yn mynd drwyddo.'

Mae'n dod yn amlwg nad er fy mwyn i yn unig y mae'n gosod y lluniau o gwmpas y stiwdio fel bod rhywun yn gallu sefyll yn y canol yn syllu a myfyrio. Mae hynny'n rhan o'r broses o'u creu. Os ydi'r gwaith yn ddealladwy ac eto'n amwys, yn llonydd ac aflonydd yr un pryd, mae hynny'n adlewyrchu'r gwewyr y bu raid iddi hithau fynd drwyddo.

'Mae'r cyfnod sbïo 'ma, a'r dadansoddi a'r meddwl, yn cymryd y rhan fwyaf o fy amser i,' meddai. 'Dwi ddim yn gweithio'n fecanyddol o gwbl, mae'n cymryd amser hir i baratoi yn y meddwl cyn y weithred o wneud. Alla i ddim dod yma i weithio o naw tan hanner awr wedi pedwar; dwi'n cael wythnosau o fethu gwneud dim byd. Wedyn mae 'na gyfnod pryd mae'r gwaith yn llifo, a phan fydd hynny'n digwydd mae o'n deimlad o orfoledd mawr.'

Erbyn hyn mae dyrnaid o bobl o'i chwmpas sy'n ymddiddori yn yr un pethau, gan gynnwys ei gŵr Robert, ei chyfnither Christine a'r arlunydd Shani Rhys James sy'n ffrind iddi. Ond pan gychwynnodd Eleri ar ei gyrfa roedd hi'n torri cwys newydd sbon yn Nyffryn Banwy. Er bod yr ardal yn fwrlwm o ddiwylliant, mae hwnnw'n ymwneud mwy ag eisteddfod a phlygain nag arlunio. Cerdd dant, barddoniaeth a ffermio oedd y cefndir y magwyd Eleri ynddo. Dysgodd chwarae'r delyn, a bu'n meddwl ar un adeg am yrfa mewn cerddoriaeth neu amaethyddiaeth.

'Taswn i'n fachgen does dim dwywaith mai ffarmwr amser llawn faswn i,' meddai. 'Dwi'n falch erbyn hyn na wnes i ddim dewis miwsig, achos dwi'n gallu ei fwynhau o rŵan fel ffordd o ymlacio. Ond mi fûm i'n cloffi am flynyddoedd, a dwi'n credu mai pan ges i fy mhen-blwydd yn ddeugain oed y daru fi sylweddoli ei bod hi'n rhy hwyr i droi'n ôl a gwneud rhywbeth arall. O'r foment honno mi ges i ryw egni mawr newydd yn fy ngwaith ac ers hynny, dwi'n meddwl, rydw i wedi gwneud fy narnau cryfa.'

Pan aeth i astudio yng Ngholeg Celf Manceinion roedd ei chefndir yn dipyn o ddirgelwch i bawb o'i chwmpas. 'Ro'n i wedi tyfu fyny heb ddim ymwybyddiaeth o unrhyw draddodiad gweledol. Roedd o'n hollol ddiarth i mi. Fues i erioed yn yr un arddangosfa tra'r oeddwn i yn yr ysgol. Landio wnes i, bron trwy ddamwain, mewn coleg celf, a hynny heb ddim cynllun a heb ddim cefnogaeth gan fy nheulu. Mi oeddwn i'n wahanol i bawb arall oedd yn yr un grŵp â fi yn y coleg, achos mi oedd ganddyn nhw i gyd gefndir gweledol. O'n i fel rhyw *hillbilly* yn eu canol nhw – ac yn well allan yn y pen draw oherwydd hynny. Mi oedd gen i gymaint mwy o gefndir na nhw o safbwynt pethau eraill. Ac mi o'n i ar dân i lyncu'r profiadau newydd 'ma ym Manceinion. Ro'n i'n gwirioni ar yr arddangosfeydd, a finnau heb weld un o'r blaen. Ro'n i fel sbwnj, a'r cefndir gwahanol yn golygu 'mod i'n ymateb i'r cyfryngau newydd mewn ffordd hollol unigryw. Roedd fy nhiwtoriaid i'n methu deall o lle'r o'n i'n dod. Dyna pam 'mod i'n gweld ffasiwn werth yn y cefndir mawr gwerinol Cymreig yma ar gyfer magu fy mhlant fy hun. Mae o'n rhoi rhyw ddeimensiwn ychwanegol i rywun.'

Yn y Coleg y cyfarfu â'i gŵr, Robert Camlin, Gwyddel o Belfast sydd bellach yn rhugl ei Gymraeg. Mae yntau'n rhedeg ei fusnes o'i swyddfa yn Llangadfan, lle mae'n cyflogi saith o bobl ac yn gyfrifol am brosiectau tirlunio mawr mewn dinasoedd fel Belfast a Lerpwl. Ond cyn symud i Gymru bu'r ddau yn dilyn gyrfaoedd llwyddiannus ym Manceinion.

Roedd gan Eleri ei stiwdio ei hun yn y ddinas. Dyna'r cyfnod pan ddaeth ei henw'n adnabyddus yn sgîl nifer o weithiau comisiwn sylweddol – yn eu plith murluniau ar gyfer labordai ICI yn Alderley Edge ger Manceinion, pencadlys yr NFU yn Stratford upon Avon, a darn ar gyfer amlosgfa newydd yn Dorset.

'Roedd hwnnw'n gyfnod cyffrous iawn i mi, a'r gwaith yn llifo i mewn,' meddai.

Ond daeth y dyddiau hynny i ben yng nghanol yr wythedgau pan oedd Eleri'n feichiog gyda Sioned, y gyntaf o'i dwy ferch. Dyma benderfynu codi pac a symud i'w bro enedigol yn Llangadfan. Bu'r brwsh a'r nodwydd yn gymharol segur am flynyddoedd, a magu plant yn cael blaenoriaeth.

'Y prif reswm dros ddod yn ôl i'r ardal oedd er mwyn i'n plant ni siarad Cymraeg,' meddai. 'O safbwynt gyrfaoedd Robert a fi mi fasa wedi gwneud llawer gwell synnwyr inni aros lle'r oedden ni, neu symud i ryw ddinas arall. Mae hi'n anodd cael yr *outlet* pan mae rhywun yn byw mewn lle mor anghysbell. Ond o safbwynt arall mae'r bywyd yma'n llawer mwy gwerthfawr. Mae'r math o fagwraeth mae Sioned ac Elinor wedi'i gael yn werth cymaint mwy.'

Yn 1995 fe gafodd sbardun i ailafael yn ei gyrfa pan ddaeth gwahoddiad i arddangos ei gwaith mewn amgueddfa decstiliau ym Marcelona. Dilynodd rhai eraill ym Madrid, Machynlleth ac yn Oriel Genedlaethol yr Alban yng Nghaeredin. Dewiswyd ei gwaith yn 'Arddangosyn Mwyaf Eithriadol' *Art of the Stitch* yn y Barbican yn Llundain. Er mai prin fu'r comisiynau er pan adawodd Fanceinion fe ddaeth un annisgwyl i'w rhan – gwneud clawr llyfr, a hwnnw wedi ei bwytho, ar gyfer argraffiad cyntaf casgliad o gerddi'r bardd o Sbaen, Garcio Lorca. 'Er mai dim ond cyfieithiad oeddwn i'n gallu'i ddeall roedd 'na rai cerddi oeddwn i'n gallu uniaethu efo nhw.' Bu rhai o'r rheiny, yn arbennig cerdd i'r lliw gwyrdd, yn ddylanwad ar rai o'i lluniau.

Yn nes adref, yn 2001 cafodd ei phenodi yn artist preswyl yn theatr geffylau *Equilibre* yn Abercegir ger Machynlleth. 'Dwi wastad wedi gwirioni ar geffylau. Mi fyddwn i'n arfer mynd i'r sêls a'r sioeau efo Dad a does 'na ddim byd tebyg i weld y stalwyni'n rhedeg yn y Sioe Fawr ar bnawn dydd Mercher. Mae pŵer y ceffyl yn rhywbeth Celtaidd rywsut, rhywbeth sy'n ein clymu ni efo'r gorffennol.

'Mae *Equilibre* yn lle hynod – mae o fel y *Spanish Riding School*. Mae ganddyn nhw'r ceffylau cain ofnadwy 'ma ac yn yr haf mae 'na actorion a dawnswyr a cherddorion proffesiynol yn dod yno i roi perfformiad ar y cyd efo'r ceffylau. Mi wnes i gyfres o luniau wedi'i seilio ar y perfformiad hwnnw. Yr hyn oeddwn i'n ei weld yn rhyfeddol oedd bod y ceffylau aristocratig yma'n dawnsio fel balerinas bron, a hynny yng nghanol tirlun Sir Drefaldwyn.'

Yn y cyfnod pan gawson ni'n sgwrs roedd hi'n casglu defnydd ar gyfer arddangosfa o'i gwaith yn Oriel *Thackeray* yn Kensington yn Llundain. Honno fyddai ei harddangosfa unigol fwyaf, ac roedd angen rhwng 30 a 40 o luniau a fyddai'n cynrychioli holl amrywiaeth ei gwaith o ran maint, techneg a phris. Allwn i ddim peidio meddwl mor ddieithr fyddai cefndir y lluniau i'r rhan fwyaf fyddai'n debyg o'u gweld, a hyd yn oed eu prynu, yn y lle hwnnw.

Byddai'n cynnwys tirlun gaeafol o'r enw *Dim Lle yn y Llety*, a symbylwyd wrth iddi wrando ar barti lleol yn canu mewn plygain. 'Mae'r plygeiniau'n digwydd pan mae'r byd wedi oeri a miwsig yn y tir. Rhyw deimlad o harddwch a hiraeth ar yr un pryd.'

Mae ganddi bâr o luniau tal gyda choeden yn ganolbwynt i'r ddau. Hwnnw yw'r gwaith paent a nodwydd a gymrodd ddeunaw mis i'w gwblhau. 'Mae'r rhain yn gweithio'n dda fel pâr,' meddai. 'Dwi ddim isio'u gwahanu nhw; maen nhw fel dwy chwaer.' Ond roedd hi'n derbyn mai gwahanu fyddai'n debyg o ddigwydd, oherwydd y pris. Ar un o'r lluniau mae neges wedi ei phaentio fel graffiti ar wal – un a allai achosi ambell benbleth yn Kensington. Eifion Wyn oedd awdur y llinell: 'A droes y canrifoedd ein gwaed yn ddŵr'. Ond doedd y geiriau ddim yn rhan o'r bwriad ar y dechrau. Ymddangos wnaethon nhw pan oedd y gwaith ar ei hanner, yn sgîl y refferendwm ar ddatganoli yn 1997.

'Ro'n i'n gynddeiriog ar y pryd wrth feddwl bod yna'r fath amheuon ganddon ni fel cenedl, ac mai trwch blewyn o wahaniaeth oedd yna rhwng yr Ie a'r Na. Mi ddaeth y geiriau fel rhyw brotest bersonol iawn.

'Mae'r goeden neu'r pren yn symbol i mi o rywbeth oes oesol, yn symbol o'n gwreiddyn ni ac o'n hunanfalchder ni. Mae 'na rywbeth mwy nag allwn ni ei amgyffred ynddo fo, ac mewn ffordd jest gwibio trwodd ydyn ni, fel plentyn. Mae pob un ohonon ni'n blant o safbwynt y goeden. Dydan ni'n cyfri fawr iawn, ac eto mae'n cefndir ni'n rhywbeth mawr, sylweddol.'

Roedd popeth yn yr arddangosfa yn Llundain yn mynd ar werth. Oedd hi'n teimlo'n chwith wrth wrth feddwl y gallai rhai o'i chreadigaethau mwyaf personol, oedd wedi golygu cymaint o bendroni a gwewyr, fynd i gartrefi oedd heb unrhyw amgyffred o'u gwreiddiau na'u harwyddocâd? Mae'n chwerthin wrth feddwl y gallai geiriau Eifion Wyn gael eu hongian ar wal yn Kensington a denu ebychiadau edmygus, *'Oh daahling!'* Ond mae arlunwyr fel pawb arall eisiau byw, a does dim lle i sentiment. 'Mae'r rhan fwya o'r lluniau dwi'n eu gwneud yn cael eu gwerthu. Fedra'i ddim cadw pob peth – fydd 'na ddim lle iddyn nhw! Yr unig rai dwi'n ei chael hi'n anodd gwahanu â nhw ydi lluniau sy'n cynnwys y plant pan oedden nhw'n blant. Ond does ddim dewis ond mynd i lefydd fel y Thackeray pan ddaw'r cyfle; does dim llawer o gyfleoedd felly yng Nghymru.'

Ond beth bynnag ydi'r trafferthion ymarferol ar adegau wrth fyw yn y wlad, mae'r manteision yn llawer mwy – hyd yn oed o ran ei gwaith. 'Un peth da ydi'r ffaith nad ydw i ddim yn cael fy nylanwadu gan y ffasiwn. Petawn i'n byw mewn dinas fel Manceinion neu Lundain neu Gaerdydd mi fasa rhywun yn edrych dros ei ysgwydd o hyd ac yn cymdeithasu efo arlunwyr eraill. Dwi ddim yn credu y baswn i'n gallu bod yn fi fy hun cweit. Ond oherwydd 'mod i'n byw mewn lle mor bell oddi wrth y byd celf dwi'n gallu bod yr hyn ydw i isio bod. Mewn lle fel hyn mae rhywun yn rhan o'r gymdeithas. Mae'n ffrindiau i'n cynnwys pawb. Dwi'n mwynhau hyn'na. Dwi'n mwynhau gallu dweud 'mod i'n byw mewn lle real, yn lle byw mewn bybl o gelfyddyd. Mewn dinas mi fasa rhywun yn dewis ei ffrindiau ac mi fasa' rheiny i gyd rywbeth yn debyg i'w gilydd.'

A fyddai ganddi ddim hawl i'w galw'i hun yn ffarmwr.

O'r tir (rhif 1) *87 x 42cm*
Paent, pwytho llaw ac appliqué ar ddefnydd.

Swing   *117 x 42cm*
Paent, siarcol a phastel ar bapur.

Coeden (rhif 2) *gyda geiriau 128 x 70cm*
Paent, pwytho llaw ac appliqué ar ddefnydd.

35

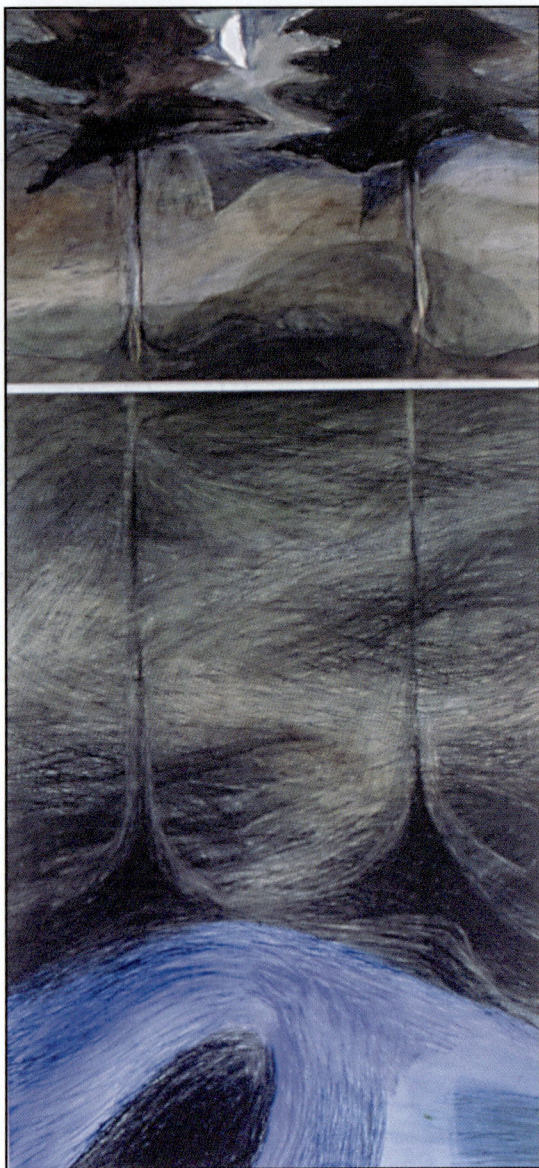

Cyfres O'r tir (rhif 6) *112 x 54cm*
Paent, siarcol a phastel ar bapur.

Caeau gwair (rhif 5) 52 x 73cm
Paent, siarcol a phastel ar bapur.

Cyfres Equilibre (rhif 4) 23 x 33cm
Paent, siarcol a phastel ar bapur.

Bustach (rhif 3) *19 x 25cm*
Paent, siarcol a phastel ar bapur.

Diptych 'Cyn torri'r llinyn arian...' 245 x 120cm
Paent, pwytho llaw ac appliqué ar ddefnydd.

Traddodiad y Blygain

Arfon Gwilym

Y flwyddyn yw 1971. Mae'n fis Ionawr, ac mae llond car ohonom wedi penderfynu mynd o Ryd-y-main, dros y Berwyn, i'r 'Blygain Fawr' yn Llanfihangel-yng-Ngwynfa. Mae rhyw swyn arbennig yn perthyn i enw'r pentref hwnnw, onid oes, â'i holl gysylltiadau efo Ann Griffiths. Ond roedd y swyn wedi troi'n rhywbeth mwy erbyn diwedd y noson honno: yn wefr, yn rhyfeddod, yn ysbrydoliaeth. Balchder hefyd – balchder o fod yn perthyn i genedl sy'n mynnu dal at hen draddodiad er gwaethaf pawb a phopeth. Ac edmygedd – edmygedd di-ben-draw at y gwŷr cyndyn a fu'n cynnal traddodiad fel hwn ar hyd y cenedlaethau.

Mae'n rhaid cyrraedd yr eglwys awr dda ymlaen llaw er mwyn cael sedd. Tynged pawb sy'n hwyrach na hynny yw ymuno â'r dyrfa yng nghefn yr eglwys sy'n gorfod aros ar eu traed drwy gydol y gwasanaeth. Toc mae cloch yr hen eglwys yn dechrau canu, yna'n peidio, a'r eglwys erbyn hyn yn llawn i'r ymylon. Daw'r rheithor ymlaen, offrymu gair o weddi, darlleniad o'r Ysgrythur, a charol i'r gynulleidfa. Yna daw'r cyhoeddiad, 'Mae'r Blygain yn awr yn agored'. Daw plant yr ysgol ymlaen i ganu; dyna'r traddodiad, cychwyn efo'r rhai ieuengaf bob amser. Yna saib. Be sy'n digwydd nesaf? Nid gwasanaeth wedi ei drefnu yw hwn, felly does neb yn rhy siŵr. Mewn munud fe gwyd parti o ganol y gynulleidfa, ymlwybro i'r tu blaen yn hamddenol, agor y llyfr ar y dudalen briodol (llyfr ag ôl bodio canrifoedd arno), taro'r fforcen diwnio, mwmian y nodau, a dechrau canu. Yna'n ôl i'w seddau. Saib eto cyn i barti arall godi mewn rhan arall o'r eglwys. Ac felly ymlaen – cryn ddwsin o bartïon, ac yn eu plith ambell i unigolyn yn mentro ar ei ben ei hun, pob un heb unrhyw gyfeiliant yn y byd. Dynion yw'r rhan fwyaf o ddigon.

Ar ôl awr go dda fe ddaw saib ychydig hirach nag arfer. Dyna pryd y mae'r rheithor yn synhwyro fod y 'rownd' gyntaf ar ben. Carol arall i'r gynulleidfa, ac yna rownd arall. Y tro yma mae 'na drefn eisoes wedi ei sefydlu ac mae pawb yn dilyn yr un patrwm yn union â'r rownd gyntaf. Daw'r ail rownd i ben, ac yna daw'r rheithor ymlaen unwaith eto a galw ar bawb a gymerodd ran i ddod ymlaen i ganu *Carol y Swper*: cryn ddeugain o gantorion, a'r eglwys, os nad y fro, yn atsain.

> Cydganed dynoliaeth am ddydd gwaredigaeth
> Daeth trefn y Rhagluniaeth i'r goleuni
> A chân Haleliwia o fawl i'r Gorucha
> Meseia Judea heb dewi . . .
> Mae heddiw'n ddydd cymod a'r swper yn barod
> A'r bwrdd wedi ei osod, o brysiwn . . .

Mae'n anodd peidio sylwi, er fod y rheithor wedi galw 'pawb' ymlaen, mai dim ond y dynion sy'n ufuddhau. Dyna'r traddodiad, a dyna fo.

Cyhoeddir y fendith, ac mae'r gynulleidfa yn gwasgaru'n araf drwy borth yr eglwys i dywyllwch y nos. Pawb ond y carolwyr, hynny yw. Maen nhw newydd ganu fod y 'swper yn barod a'r bwrdd wedi ei osod'. Hawdd fyddai dehongli hynny'n llythrennol, oherwydd mae 'na swper wedi ei baratoi iddyn nhw'i gyd yn y neuadd gyfagos, ac mae llawn cymaint o flas ar y sgwrs a'r baned a'r gacen gri ag a oedd ar y canu yn gynharach.

Roedd bod yn bresennol ym Mhlygain Fawr Llanfihangel-yng-Ngwynfa yn 1971 yn brofiad arbennig iawn; camu i mewn i fyd dieithr a phrofi naws rhyw hen oes. Am ryw reswm roedd yr eiliadau disgwylgar rhwng y carolau yr un mor ddiddorol â'r carolau eu hunain! Ychydig iawn o'r carolau, yn eiriau nag yn donau, oedd yn gyfarwydd i mi, ac o feddwl cymaint o garolau sy'n cael eu canu flwyddyn ar ôl blwyddyn o gwmpas y Nadolig, roedd hynny'n 'ddarganfyddiad' pleserus. Llawn cymaint o ryfeddod oedd sylweddoli fod y partïon hyn wedi hen sefydlu a bod y rhan fwyaf ohonynt wedi bod wrthi ar hyd eu hoes, a'u teidiau a'u cyndeidiau o'u blaenau, yn casglu a chopïo ac ymarfer eu carolau. Er bod cryn 30 o garolau wedi eu clywed y noson honno, ni chafodd yr un set o eiriau na'r un dôn ei hailadrodd. Dyna'r rheol anysgrifenedig, a golyga hynny fod yn rhaid i bob parti fod â stoc go dda wrth gefn, rhag ofn i barti arall ddod ymlaen a chanu'r un dôn neu'r un geiriau.

Ym mhlygeiniau Sir Drefaldwyn mae tymor y carolau yn un hir, o'r Sul cyntaf yn Rhagfyr i'r ail Sul yn Ionawr – cyfnod o chwech wythnos i gyd. Y peth arall sy'n wahanol yw'r steil o ganu, rhywbeth sy'n amhosib i'w ddadansoddi a'i ddisgrifio'n iawn ar bapur, ond gwahanol yn sicr. Llai o 'bolish' a 'pherffeithrwydd' efallai, a mwy o flas y pridd. Nid yw'n gyd-ddigwyddiad mai'r un math o dinc a glywyd gan Roy, Linda a John o'r grŵp gwerin *Plethyn* – tri a fagwyd yn sŵn y math hwn o ganu.

Roedd dod i fyw i Sir Drefaldwyn a chyfranogi yn y traddodiad hwn yn brofiad gwahanol eto; dod i adnabod y carolwyr yn bersonol, a sylweddoli dyfnder yr ymlyniad a chyfoeth y deunydd oedd ar gael. Braint arbennig oedd cael bodio drwy rai o'r llyfrau hyn, oherwydd roedd pob parti neu deulu yn eu gwarchod yn ofalus iawn, am resymau amlwg; dwsinau o garolau wedi eu copïo, mewn gwahanol lawysgrifen yn aml, a hynny'n awgrymu arwydd o sut yr oedd y llyfrau hyn wedi cael eu pasio o un genhedlaeth i'r llall o fewn yr un parti. Roedd nodau sol-ffa wedi eu hychwanegu ar ambell un, ond aml i un heb sol-ffa o gwbl, a'r cantorion wedyn yn gorfod dysgu'r nodau o'r glust. Uwchben rhai o'r carolau byddai enw ambell i dôn yn cael ei chrybwyll: *Y Ceiliog Gwyn, Ffarwél Ned Puw, Difyrrwch Gwŷr Caernarfon, Y Ceiliog Du*. Sylweddoli'n sydyn cymaint o hen alawon gwerin oedd wedi eu haddasu yma (y tempo wedi cael ei arafu bid siŵr!) ac mai traddodiad gwerin yng ngwir ystyr y gair sydd yma – un o'r ychydig draddodiadau sydd wedi goroesi ac wedi para'n ddi-dor ers canrifoedd. Cael cipolwg hefyd ar un o gyfrinachau'r parhâd hwnnw yn yr ardal, sef y ffactor 'talu cymwynas yn ôl'. Byddai parti Briw, dywedwn, yn mynd i gefnogi plygain Penybont-Llannerch-Emrys, ar y ddealltwriaeth fod parti Penybont-Llannerch-Emrys yn dod i gefnogi plygain Briw, ac felly yn y blaen.

Byddai'r rhan fwyaf o'r partïon yn mynychu cryn hanner dwsin o blygeiniau, a'r rhai mwyaf eiddgar fwy na hynny. Ac yn y plygeiniau hynny, yn naturiol byddai rhywun yn dod ar draws llawer o'r un cantorion ac yn clywed llawer o'r un carolau. Byddai ambell i sinig yn gofyn sut allai'r carolwyr hyn wneud yr un peth wythnos ar ôl wythnos o gwmpas y Nadolig, flwyddyn ar ôl blwyddyn? Yr ateb mae'n debyg yw 'faint o weithiau mae pawb ohonom yn canu *Dawel Nos* neu *O deuwch ffyddloniaid* bob blwyddyn?' Ond mae 'na ateb arall hefyd – sef fod y plygeiniau mewn gwirionedd yn achlysuron cymdeithasol yn ogystal â chrefyddol, a'r swper ar y diwedd yn rhan annatod o'r profiad. Yn y swper hwnnw byddai'r sgwrs yn aml yn troi at yr hen amser, a'r atgofion am gantorion a phartïon gwych y gorffennol yn llifo – yn enwedig ymhlith y genhedlaeth hŷn.

Un o'r enwau oedd yn codi dro ar ôl tro o gwmpas y bwrdd swper yn y cyfnod hwnnw oedd Richard Hughes, neu'r 'Dyn Gwallt Mawr' fel y'i gelwid. Er ei fod wedi marw ers y pumdegau, roedd rhyw fath o chwedloniaeth wedi tyfu o gwmpas y cymeriad diddorol hwn. Yn ystod y saithdegau, roedd y rhan fwyaf o'r carolwyr yn dal i'w gofio'n dda, ac yn ddi-eithriad yn sôn am ei lais bas bendigedig a'i bresenoldeb rhyfeddol. Roedd yn aelod o deulu Tyncelyn, teulu o garolwyr gwych o'r Briw ger Llangedwyn (fferm oedd yn ffinio fel mae'n digwydd â Fronheulog, cartref tri carolwr enwog arall). Contractiwr oedd Richard Hughes a grwydrai o fferm i fferm efo'i injan ddyrnu. Ond cafodd anffawd; dywed rhai i rywun roi ei injan ar dân yn fwriadol, a dywed eraill mai damwain oedd y cyfan. Beth bynnag yw'r gwir, collodd ei fywoliaeth gan fod y cwmni yswiriant yn gwrthod talu allan. Gellir deall fod hyn wedi effeithio'n fawr arno, ac o hynny allan, crwydro o un fferm i'r llall fu ei hanes yn cynnig ei wasanaeth fel llafurwr. Roedd yn ddyn mawr cryf, mae'n debyg, ac felly roedd digon o alw am ei wasanaeth, ond y tâl yn bur wael bid siŵr. Fodd bynnag, daliodd i ganu yn y plygeiniau bob blwyddyn, a does dim dwywaith fod ei bresenoldeb yn help i lenwi'r capeli a'r eglwysi hefyd. Dywedir ei fod weithiau yn canu mewn triawd efo dau blentyn – dwy chwaer ifanc o Lanfechain – a'i fod yn mynd ar ei liniau rhwng y ddwy i ganu. Roedd yn gwrthod torri ei wallt ac yn gwrthod gwisgo crys – dim ond gwasgod – a gellir dychmygu felly fod yr olygfa ynddi'i hun yn un gofiadwy, heb sôn am y canu.

Yn ôl Rowenna Morris, un o'r chwiorydd hynny sy'n dal yn fyw heddiw (ac yn dal i ganu yn y plygeiniau), byddai Richard Hughes yn dod at eu teulu nhw bob Nadolig, ond yn gwrthod yn lân a dod i'r tŷ i gysgu, gan fynnu cysgu yn y daflod neu'r ysgubor – hyd at flynyddoedd olaf ei oes.

Un sy'n cofio'r Dyn Gwallt Mawr yn dda yw John Lewis, Foeldrehaearn, carolwr sy'n driw i'r hen draddodiad ac sydd bellach yn canu mewn triawd gyda'i ddau fab, Edfryn a Glandon. Yn ôl John Lewis byddai Richard Hughes yn hoff iawn o sicrhau sedd iddo'i hun yn gynnar, yn agos i'r tu blaen, ac yn aml iawn yn ymuno efo baswyr y gwahanol bartïon ar ddiwedd y pennill – yn enwedig os y teimlai fod ambell i ganwr angen help! Fyddai neb yng nghefn yr eglwys neu'r capel ddim callach mai fo oedd wrthi!

Un arall o gymeriadau mawr ardal y plygeiniau oedd y diweddar Eddie Roberts, Llanerfyl, a fu farw yn ystod yr wythdegau. Roedd o'n cofio'i dad yn canu cloch yr eglwys am 4.30 ar fore'r Nadolig bob blwyddyn, i alw'r trigolion i'r 'Blygain Cyn Dydd' (cynhaliwyd y Blygain Cyn Dydd olaf yn Llanerfyl yn nechrau'r tridegau). Byddai'r rhan fwyaf yn aros ar eu traed y noson honno i wneud cyfleth cyn mynd i'r Blygain am bump y bore. Roedd Eddie Roberts yn cofio un parti arbennig, y Tri John o Langynyw, yn cerdded i Blygain Llanerfyl (taith o tua chwe milltir) ac yn cael gwahoddiad am frecwast i un o'r cartrefi lleol ar ôl y gwasanaeth. Ar fore'r Nadolig, byddai'r brecwast hwnnw'n cynnwys diod gryfach na dŵr i'w olchi i lawr, siŵr o fod. 'Ac mi fydden nhw'n dri go lawen yn cychwyn am adre!' meddai.

Roedd ganddo atgofion hefyd am ddireidi diarhebol rhai o'r hogie ifanc. Un tro, clymodd yr hogie raff yn sownd wrth draed un o'r meinciau yn yr eglwys, a thynnu wrth y rhaff hwnnw bob yn hyn a hyn yn ystod y gwasanaeth. Dro arall, fe gytunodd pob un i ddal aderyn ar eu ffordd i'r gwasanaeth a'u cuddio dan eu cotiau. Ar adeg benodol yn ystod y gwasanaeth fe ollyngwyd yr adar i gyd yn rhydd – a phob un, yn y dyddiau di-drydan hynny, yn anelu'n syth at y canhwyllau gan achosi rycsiwns. Go brin fod yna awyrgylch ddefosiynol iawn yn y Blygain arbennig honno!

Rhaid cofio, wrth gwrs, mai'n gynnar yn y bore y cynhelid pob un Plygain yn yr hen ddyddiau. Wedi'r cyfan, daw'r gair Plygain yn wreiddiol o'r Lladin *puli cantus*, sef caniad y ceiliog, a byddai'r blygain ar fore'r Nadolig yn achlysur o bwys i'r ardal gyfan – ym mhob rhan o Gymru, wrth gwrs. Mae'r disgrifiad hwn o blygain Dolgellau yng nghanol y bedwaredd ganrif ar bymtheg, gyda dwsinau o ganhwyllau yn goleuo'r eglwys, yn ddigon nodweddiadol, mae'n siŵr:

Yn awr y mae'r eglwys yn wenfflam; yn awr o dan ei sang, gorff, ystlysau, oriel; yn awr wele Siôn Robert, y crydd troed gam a'i wraig, gan ddod i lawr o'r sedd ganu i ran isaf a blaenaf yr oriel, yn taro bob yn ail, a heb gymorth annaturiol gan bib-draw, y garol hirfaith a'r hen ffefryn yn disgrifio Addoliad y Brenhinoedd a'r Doethion, a'r Ffoad i'r Aifft, ac anfadrwydd ofnadwy Herod. Hollol ddistaw yw'r tyrfaoedd ac wedi ymgolli mewn edmygedd. Yna saif y Rheithor da a'i gurad, Dafydd Puw, a darllen y

Gwasanaeth Boreol yn fyr, gan orffen â'r weddi dros Bob Cyflwr ar Ddynion, a'r fendith – aflonydd ac ymchwyddol braidd yw'r gynulleidfa yn ystod y gweddïau – a rhaid i'r Rheithor weithiau dorri'n sydyn ar ei waith i edrych yn syth at ryw ran neu bersonau, ond heb gerydd llafar. A'r gweddïau drosodd, cychwynna'r cantorion eto ragor o garolau, cantorion newydd, hen garolau mewn unawdau, deuawdau, triawdau, cytganau, yna distawrwydd yn y gynulleidfa, wedi ei dorri ar seibiau priodol gan rwystrus furmur yr hyfrydwch a'r gymeradwyaeth, nes rhwng wyth a naw, a newyn yn dweud ar y cantorion, y mae'r Plygain drosodd a thery'r Clych ganiad llawn.

Y gŵr a wnaeth fwy na neb i ddod â thraddodiad y Blygain yn Sir Drefaldwyn i sylw gweddill Cymru oedd Roy Saer o Amgueddfa Werin Sain Ffagan. Yn ystod y chwedegau a'r saithdegau fe wnaeth gymwynas aruthrol drwy recordio dwsinau o garolwyr yr ardal, ac mae'r record/casét *Carolau Plygain* a gyhoeddwyd gan yr Amgueddfa Werin yn gofnod unigryw a hynod werthfawr i ni heddiw. Cyhoeddwyd y record hir yn 1977, a'r hyn sy'n ei gwneud hi mor werthfawr erbyn hyn yw sylweddoli fod pob un bron a gymerodd ran arni, bellach wedi marw. Dim ond un person a gymerodd ran ar y record gyntaf honno sy'n dal i ganu heddiw, sef Mr Dewi Evans o Barti Lloran – nid efo'r parti gwreiddiol bellach, ond efo'i ddau fab, Gareth ac Arwel. Does dim amheuaeth fod y record honno yn adlewyrchiad cywir o natur plygeiniau Sir Drefaldwyn yn ystod y cyfnod arbennig hwnnw. Mae hynny wedyn yn ein harwain i ofyn sut y mae'r traddodiad heddiw yn cymharu â'r cyfnod hwnnw? Ydi popeth yn fyw ac yn iach?

Dydi'r ateb ddim yn syml. Mae ambell i Blygain, megis un Penybont – Llannerch – Emrys, er enghraifft, wedi peidio â bod. Ond mae bri a llewyrch ar y gwasanaethau niferus hynny sy'n dal i fynd, ac mae rhywun yn synhwyro fod yr hen draddodiad wedi cael rhyw ail wynt yn y blynyddoedd diwethaf hyn. Yn wir, fe atgyfodwyd y traddodiad mewn rhai ardaloedd eraill y tu allan i Sir Drefaldwyn – ym Mharc, y Bala, er enghraifft, ym Mhenrhyn-coch ger Aberystwyth, ac am y tro cyntaf yn y flwyddyn 2002, yn Nhal-y-llyn. Fe atgyfodwyd syniad a ffurf y gwasanaeth mewn ardaloedd llawer pellach hefyd – yn Llangynwyd ym Morgannwg, er enghraifft. Mae hynny'n sicr yn galonogol. Yr unig bryder, efallai, yw fod steil arbennig yr hen gantorion yn diflannu, neu o leiaf yn cael ei glywed yn llai aml. Os am gynnal y traddodiad i'r dyfodol yn llwyddiannus, neu os am atgyfodi'r traddodiad mewn unrhyw ardal, mae tri pheth yn hanfodol; cadw at drefn arbennig a naws yr hen blygeiniau (ac yn sicr dim cymeradwyaeth fel a gafwyd mewn un Plygain yn ddiweddar!), cadw at yr hen garolau (mae llawer ohonynt bellach mewn print), ac yn olaf cadw at yr hen ddull naturiol a di-rodres o ganu. Y ffordd orau o wneud hynny yw gwrando drosodd a throsodd ar y recordiadau sydd ar gael. Haerllugrwydd, yn fy marn i, yw i rywun gyfranogi mewn unrhyw draddodiad heb ddangos parch tuag at y traddodiad hwnnw yn y lle cyntaf, a'i ddeall yn drwyadl.

Un o'r pethau mwyaf rhyfeddol am draddodiad y Blygain yn Sir Drefaldwyn yw ei wytnwch. Y cwestiwn mawr yw pam fod rhywbeth fel hyn wedi para'n ddi-dor yn y rhan arbennig yma o'r wlad, mor agos i'r ffin? Does dim ateb amlwg. Yn y cyfnod diweddar, mae'n siŵr fod y sylw a'r bri cenedlaethol a gafodd y traddodiad wedi helpu, a hynny ar adeg allweddol bwysig pan oedd yr holl ddiwylliant Cymraeg yn wynebu cymaint o fygythiad yn yr ardaloedd hyn. Ond dim ond rhan fach o'r ateb yw hynny. Un ffactor hanfodol bwysig yw'r ffaith fod y traddodiad yn cael ei gynnal o fewn cylch daearyddol digon bach i sicrhau fod pawb yn medru cefnogi'i gilydd. Byddai'n anodd cynnal y trefniant o 'gyfnewid' partïon rhwng, dyweder Llanrhaeadr-ym-Mochnant a Llangynwyd. Cam pwysig arall o ran eu diogelu oedd symud eu hamser o'r bore bach i'r min nos – amser llawer hwylusach a mwy cymdeithasol fel y gellid dychymygu.

Ond mi dybiwn i fod gan yr ateb hefyd rywbeth i'w wneud â chymeriad y bobl – pobl sy'n gyndyn o newid; pobl sy'n gyfarwydd ers cenedlaethau lawer â byw yng nghysgod y ffin – ardal gyfnewidiol a chymysglyd ei diwylliant. Rhywbeth sy'n perthyn i'r dyddiau a fu yw'r ymladd a'r tywallt gwaed. Yr ymateb cyffredinol bellach yw derbyn y sefyllfa a dal ati p'run bynnag. Nid disgrifio tirwedd yr ardal yn unig y mae 'Mwynder Maldwyn'. Mae'n disgrifio natur y bobl hefyd.

Mewn cyfnod o newid na welwyd ei debyg erioed, mae cysur a sicrwydd i'w gael mewn rhai pethau sy'n aros yn ddigyfnewid.

Ond efallai fod yna ateb symlach fyth, sef hoffter Cymry'r ardal o'r carolau eu hunain – hyfrydwch eu geiriau a symlrwydd eu halawon a'u harmonïau. Hir y parhaed felly!

Blas ar Enwau Maldwyn a'i Chyffiniau

Dafydd y Garth
(Dai Hawkins, Nantmel)

Cyflwyniad byr i enwau lleoedd Cymraeg sir Drefaldwyn a'i chyffiniau a gewch yn yr ysgrif hon, sydd yn ceisio cyfleu'r amrywiaeth, yr hanes, a'r difyrrwch sydd i'w gael wrth astudio enwau lleoedd y Canolbarth. Blas yn unig a gewch yma – am bryd o fwyd mwy sylweddol, rhaid mynd at y gweithiau a restrir yn y llyfryddiaeth ar ddiwedd yr ysgrif hon. Yn anffodus mae Cymru ar ei hôl hi o'i chymharu â Lloegr ym maes cofnodi a dehongli enwau lleoedd. Hyd yn hyn, Sir Benfro, Dinas Powys a Dwyrain Sir y Fflint yw'r prif ardaloedd sydd wedi cael triniaeth fanwl gyhoeddiedig gan y topolegwyr, ond rydym ni ym Mhowys mewn dyled fawr i Richard Morgan, cyn-Archifydd Sir Powys, am ei waith trwyadl ar enwau lleoedd y dalaith. Diolch yn arbennig iddo yntau am daflu cymaint o oleuni hanesyddol ar ystyr enwau

Ceir yma enghreifftiau nodweddiadol o enwau lleoedd yn ôl categorïau. Yn anffodus, nid oedd lle i drafod y miloedd o enwau caeau – llawer ohonynt yn dra diddorol, nag enwau tai'r ardal, heb sôn am ystyried dylanwad sir Drefaldwyn ar enwau lleoedd dros y byd; tasgau hynod o ddiddorol i rywun dro arall, efallai. Fi sy'n atebol am y beiau, y gwallau a'r gwendidau, a diolch o galon i'r ymchwilwyr sydd wedi gwneud yr ysgrif hon yn bosib; cewch eu henwau (a ffrwythau eu llafur) yn y llyfryddiaeth.

Powys Paradwys Prydain

Dechrau'r hanes

Ar ôl cwymp yr Ymerodraeth Rufeinig ym Mhrydain tua dechrau'r bumed ganrif O.C., datblygodd llu o freniniaethau bychain dros Brydain, rhai yn amlwg wedi'u seilio ar *civitates* (ardaloedd) y Rhufeiniaid, a'r rheiny wedi'u seilio yn eu tro ar ardaloedd hen lwythau'r brodorion Prydeinig. Meddiannwyd gogledd-ddwyrain Cymru a Sir Amwythig ar y pryd gan ddau lwyth Celtaidd, y Cornovii a'r Ordofigiaid. Mae rhai yn credu i'r Cornovii ddwyn eu henw o 'gorn' **Dinlle Wrygion** *(The Wrekin)*, eu prif amddiffynfa yn yr Oes Haearn, efallai. Ar ôl dyfodiad y Rhufeiniad symudwyd y ganolfan weinyddol ychydig o filltiroedd i **Gaerwrygion** *(Wroxeter; Viroconium Cornovorium* y Rhufeiniaid), gair Celtaidd, bid siŵr, er bod yr ystyr yn annelwig. Cymdogion gorllewinol y Cornovii oedd yr Ordofigiaid a'u canolfan a oedd rhywle tua'r Amwythig. Credir bod eu henw'n tarddu o ddau air Celteg, **ordo-* (> *gordd*, 'morthwyl') a **uic* (hen air Celteg am 'ymladd'), felly milwyr oedd yn ymladd â morthwylion fu'r Ordofigiaid. Yn y Canol Oesoedd, y sir Drefaldwyn bresennol ynghyd â rhannau o siroedd Dinbych, Fflint ac Amwythig, oedd tiriogaeth yr Ordofigiaid fel a welir yn **Rhyd Orddwy**, 'rhyd yr Ordofigiaid', yn sir y Fflint, ond gellir gweld dylanwad mwy eang yng Ngwynedd, lleoliad **Dinorwig** (< *Dinorddwig*), 'amddiffynfa'r Ordofigiaid'.

Pagus oedd yr enw Lladin am ardal lwythol; gair a oroesodd i roi inni *pau* ('i'r bur hoff bau'), yn ogystal â **Powys**, a'r gair *pagan*. Pan ddaeth Cristnogaeth i Brydain, daeth i'r dinasoedd a'r trefi gyntaf, a'r rhai oedd yn byw yng nghefn gwlad oedd y mwyaf araf i newid eu crefydd (ac felly hefyd yn Saesneg – yr *heathens* oedd y rhai oedd yn byw ar y *heath*, y rhostir, y gweunydd). Ond roedd *pob* ardal yn *pagus;* pam felly, rhoi'r enw ar ardal yr Ordofigiaid? Mae'n bosib bod yr enw yn gwahaniaethu rhwng yr Ordofigiaid gwledig ar yr naill ochr, a'r Cornovii a'u canolfan yn ninas soffistigedig Caer Wrygion ar y llall. Mewn nifer fechan o ffynonellau, sillafir Powys yn 'Pywys' fel *Tywyn*, *Hywel* ac yn y blaen; mantais hyn yw ei fod yn amlwg o'r sillafiad mai nid *Pawys* mo'r ynganiad (fel a glywir yn anffodus ymhlith trigolion di-Gymraeg y sir bresennol, ac weithiau hyd yn oed gan Gymry Cymraeg!)

Ble oedd canolfan Powys gynt? Bu cryn ddadlau dros y

blynyddoedd am leoliad **Pengwern;** mae Dinlle Wrygion, Caerwyrygion a'r Amwythig wedi eu henwi fel prif bosibiliadau. Gellir ffafrio'r Amwythig yn hyn o beth oherwydd bod y ddau safle arall ar dir fu'n perthyn i lwyth arall, y Cornovii, ac am fod ystyr *Shrewsbury* yn cyfateb yn fras â'r enw Cymraeg Pengwern. Tarddiad Shrewsbury yw *Scrobbesbyrig* (1016), a byddai 'amddiffynfa ar fryn uwchben prysg gwernog' yn ddisgrifiad eithaf da o leoliad yr Amwythig ar ei gorynys amlwg sy'n edrych dros ddolydd afon Hafren.

Ffin ddwyreiniol Powys gynt

Er mwyn olrhain terfynau dwyreiniol brenhiniaeth Powys gynt, rhaid edrych ar draddodiad ac ar hen enwau Cymraeg y trefi a'r ardaloedd. Mae'n ymddangos i'r ffin ymestyn yn fras o Faelor Saesneg, heibio i'r **Eglwys Wen** (Whitchurch), ar hyd afon **Tren** (Tern), heibio i High Ercall (enw Cymraeg, yn ôl Ekwall, er nad yw e'n rhoi eglurhad!), ac wedyn dilyn afon Hafren i Much Wenlock (*Gwynloc* < *gwyn* + *lloc*, 'mynachdy bendigedig', efallai) ac yn troi i'r gorllewin tua Chymru. Hen enw Cymraeg Much Wenlock oedd **Llanfaelien**, ac mae'n debyg bod yr enw wedi mynd yn angof cyn i'r Cymry roi enw Cymraeg newydd arno sef, **Gwynloc**, neu **Gweunllwg**. Mae rhai yn honni mai enw Cymraeg Wenlock Edge oedd Gweunllwg – enw a roddwyd wedyn ar y dref o dan y gefnen honno.

Does neb yn gwybod pa enw ddaeth gyntaf, *Whitchurch* neu'r *Eglwys Wen*, ond mae'r naill yn gyfieithiad o'r llall. Mae Ekwall yn dweud bod enw afon Tren yn tarddu o hen air Celtaidd *tren* ('ffyrnig, cyflym'), ond mae Geiriadur y Brifysgol yn nodi'r gair *tren* yn gyntaf yn 1785, ac yn awgrymu mai camddehongliad o enw'r afon ydyw! Ni wyddys odid ddim am **Maelien**, nawddsant gynt Gwynloc, ar wahân i'w darddiad o **Maglogenos* ('mab yr arwr') a roddodd ei enw hefyd i **Maelienydd**, un o gantrefi sir Faesyfed.

Collwyd rhannau helaeth o diriogaeth Powys i'r Mersiaid yn ystod yr wythfed ganrif pan godwyd Clawdd Offa, ond enillodd y Cymry tua hanner o'r ardal yn ôl yn fuan wedyn, ac mae'n ymddangos i'r ffin ddwyreiniol fod yn weddol sefydlog o hynny ymlaen tan gyfnod y Tuduriaid o leiaf. Mae tuedd i edrych ar Glawdd Offa, a therfynau'r siroedd yn dilyn Deddfau Uno 1536 a 1543, fel terfynau olaf y Gymru Gymraeg, ond bu ardaloedd eang Cymraeg eu hiaith ar ochr 'Saesneg' y ffiniau hyn am ganrifoedd lawer, mewn rhai ardaloedd hyd yn oed at yr ugeinfed ganrif.

Rhannu'r wlad

Ar ôl cyfnod Hywel Dda, fe rennid tirwedd Cymru yn ôl cyfarwyddiadau ei gyfreithiau. Fel yn ein hamser ni, bu ymdrech fawr i wneud y rhaniadau'n eithaf tebyg o ran maint. Ceisiwyd dilyn y mesuriadau canlynol i greu ardaloedd gweinyddol:

4 erw	=	1 tedyn
4 tedyn (16 erw)	=	1 gafel
4 gafel (64 erw)	=	1 rhandir
4 rhandir (256 erw)	=	1 tref
4 tref (1024 erw)	=	1 faenol
12 maenol + 2 dref (12,700 erw)	=	1 cwmwd
100 o drefi (25,600 erw)	=	1 cantref

Does neb yn gwybod beth yn union oedd maint erw yr adeg honno; amrywiai o ardal i ardal, ac hefyd bu amrywiaeth fawr ym maint y cymydau a'r cantrefi, ond mae maint cymedraidd y cantrefi yn yr hen siroedd Dinbych, Trefaldwyn a Maesyfed, er enghraifft, yn eithaf cyson, sef: cantrefi sir Ddinbych, 51,000 o aceri yr un ar gyfartaledd; sir Drefaldwyn, 53,000; sir Faesyfed, 50,000.

Rhaniadau tir ar ochr ddwyreiniol y ffin bresennol

Bydd cantrefi a chymydau sir Drefaldwyn ei hun yn cael eu trafod yn ddiweddarach, ond mae digonedd o gofnodion i brofi bod llawer o ardaloedd ar ochr draw'r ffin bresennol wedi'u trefnu'n ardaloedd gweinyddol, yn ardaloedd Cymraeg o ran iaith a chyfraith. Hyd yn oed ar ôl y Deddfau Uno, parhâi'r ardaloedd hyn ar gof y werin bobl a'r hynafiaethwyr Cymraeg. Weithiau mae cymydau yn cael eu cydnabod fel *swydd* (sir, ardal, cwmwd, cantref). O'r gogledd i'r de cafwyd: **Swydd y Dre-wen** (*Whittington*; y naill yn gyfieithiad o'r llall, ond ni wyddys p'un ddaeth gyntaf); **Swydd Elsmer** (< Saes. *Ellesmere* ='llyn Elli'); **Y Traean / Traean y Rhyn** (un o dair rhan arglwyddiaeth Croesoswallt, ?*rhyn* = 'penrhyn, mynydd, twyn'); **Swydd y Deuparth** (y ddwy ran arall o arglwyddiaeth Croesoswallt); **Swydd Uchaf** a **Swydd Isaf** (*Llanforda* = 'Morda' + *Llwyntidmon*, ger Croesoswallt (Gwelir y rhain weithiau mewn cyfieithiadau llythrennol o'r Gymraeg, sef *'Upper Office'* a *'Lower Office'*); **Cwmwd y Croesfaen**

(Ruyton XI Towns); **Swydd Gawres** (*Westbury*, ger y Trallwng); **Cwmwd Llanffynhonwen** (*Chirbury* – yr enw Cymraeg yn ddiau ar ôl ffynnon sanctaidd yn y plwyf); **Trefesgob** (*Bishop's Castle* – credir bod y Cymry wedi rhoi enw Cymraeg ar y dref ar ôl i'r rhyfeloedd di-ri ymdawelu, felly *'tref'* yn hytrach na *'castell'*); **Swydd Golunwy** (*Colunwy* – yr ardal a'r dref , Saesneg *'Clun'* < hen enw afon Celtaidd a welir mewn nifer o enwau afonydd yn Lloegr megis *Calne* a *Coln*(e)); **Cwmwd Dyffryn Tefeidiad** (Saesneg, *Tempseter* – ochr ddwyreiniol afon *Tefeidiad*, *'Teme'*).

Prif raniadau Powys Fadog

Erbyn y drydedd ganrif ar ddeg roedd y rhannau o Bowys sydd bellach yng Nghymru yn rhaniadau gweinyddol parhaol; roedd yr ardaloedd yn y gogledd o dan yr enw **Powys Fadog** a'r rheiny yn y de o dan yr enw **Powys Gwenwynwyn**. Dyma gymydau Powys Fadog:

- **Penarlâg** (*Pen* + ?*alaog*, 'bryn cyfoethog?' = Saes. *Hawarden*);
- **Gwyddgrug** (enwau cyfystyr yn y ddwy iaith – Saes. *Mold* < Ffr. *mont hault*, 'bryn uchel'; Cym. *gwydd*, 'carnedd' + crug, 'bryn', felly 'bryn carneddog');
- **Yr Hôb** (< Saes. *hop*, 'tir caeëdig' – *Hope* bellach);
- **Iâl** ('llannerch', 'ucheldir' gair enwog am mai tarddiad enw prifysgol *Yale* yw e);
- **Swydd y Waun** (Mae enw Saes. y dref, *Chirk*, yn llygriad o enw Cymraeg yr afon, *Ceirog* ?< **car* (> *caru*) i olygu 'afon ddymunol'?);
- **Cynllaith** ('tir gwlyb'?);
- **Mochnant Is Rhaeadr** (bellach yn rhan o sir Drefaldwyn).

Ar un adeg bu **Penllyn** ('Pen Llyn Tegid') hefyd yn rhan o Bowys Fadog, ond fe aeth yn rhan o Wynedd yn ystod y Canol Oesoedd.

Prif raniadau Powys Gwenwynwyn

- **Y Tair Swydd** sef:
  - * **Deuddwr** (Llandysilio – yr ardal rhwng *ddwy afon*, Hafren ac Efyrnwy;
  - * **Swydd Ystrad Marchell** (y Trallwng – 'Strata Marcella'; *Marchell* < Lladin *Marcellus* – sant honedig y pumed ganrif, cymh. *Capel Marchell* (Llanrwst) a *Llanfarchell* (Dinbych));
  - * **Swydd Llannerch Hudol** (y Trallwng – naill ai yn ddisgrifiadol, 'swynol' neu yn enw rhyw berson anhysbys);

- **Gorddwr** (Basle a Chrugion), ar ochr draw afon Hafren, (naill ai 'lle mae'r afon yn gorlifo' neu 'dros yr afon' (i'w gymharu â gweddill y dalaith));
- **Cedewain** (yr ardal o gwmpas y Betws a'r Drenewydd (*Llanfair-yng-Nghedewain*), o bosib 'tir Cadaw' (enw personol));
- **Cyfeiliog** (gwlad afon Dyfi), o bosib tir Cyfail (enw personol);

Mae llawer o ffermydd dros Gymru, megis rhannau o bregeth dda, yn digwydd fesul tri: *tŷ uchaf, tŷ canol* a *tŷ isaf*, ond yn aml rhennir cantrefi yn ddau gwmwd yn unig, *uwch* ac *is*, heb ran ganolog. Yn sir Drefaldwyn ceir:

- **Mochnant Is Rhaeadr** (gynt yn sir Ddinbych, ac wedyn Clwyd, bellach yn rhan o Bowys) a **Mochant Uwch Rhaeadr** (*Mochnant* ar ôl afon sy'n twrio fel *mochyn*, neu *moch*, 'cyflym, heini, ystwyth');
- **Mechain Is Coed** a **Mechain Uwch Coed** (< *ma*, 'gwastadedd, lle' + enw afon *Cain*, 'prydferth');
- **Arwystli Uwch Coed** ac **Arwystli Is Coed** (o bosib 'tir Arwystl' (enw person anhysbys?)).

Mewn un o'r hen restrau yn unig, hyd y gwn i, ystyrir ardal Rhaeadr Gwy yn rhan o Bowys Gwenwynwyn, sef cymydau **Gwerthrynion Uwch Coed** a **Gwerthrynion Is Coed** ynghyd â **Cwmwd Deuddwr** (< *Cwmteuddwr*; yr ardal rhwng afonydd Claerwen/Elan a Gwy). *Gwerthrynion* ? < 'tir Gwrtheyrn' ('Vortigern')? Pan ddaeth Daniel Defoe i Raeadr Gwy fe gwynodd mai dim ond hen straeon am Gwrtheyrn ac Owain Glyndŵr a glywodd gan y trigolion.

Yn ôl map o Gymru gan Humphrey Llwyd, cyn 1568, cynhwysai '*Powijs*' holl diroedd Cymru a Lloegr rhwng afonydd Dyfi, Dyfrdwy, Hafren a Gwy, gan gynnwys hyd yn oed '*Elsmer*', sir Faesyfed ('*Melienydh*' ac '*Elfel*'), ynghyd â phob rhan o Loegr fu ar ochr orllewinol afon Hafren. Aeth William Owen Pughe yn bellach yn ei *Map of Wales according to the Antient Divisions of Gwynedd, Powys and Dinefwr with their respective Cantrefvs subdivided into Comots* (o'r bedwaredd ganrif ar bymtheg) pan ddangosodd Gantref Buallt, Sir Faesyfed a Chantref Colunwy, ac hefyd **Castell Maen** (Huntington) a **Wigmor** ('Wigmore') yn Swydd Henffordd fel rhannau o Bowys Gwenwynwyn. Mae nifer o wallau amlwg ar fapiau Llwyd a Pughe, felly mae'n rhaid cymryd eu gwybodaeth â phinsied o halen!

Mwynder Maldwyn

Y Dyfroedd

Pan ddaeth ein cyndadau Celtaidd i Brydain gyntaf yn siarad iaith a ddatblygodd wedyn i fod yn Gymraeg, roedd y trigolion blaenorol eisoes wedi enwi miloedd o nodweddion naturiol a dynol, bid siŵr. Mae'n syfrdanol, felly, bod enwau lleoedd Cymru bron yn ddieithriad yn enwau Cymraeg, ar wahân i'r rhai a fathwyd gan y Normaniaid a'r Saeson yn ddiweddarach; mae enwau lleoedd a roddwyd gan y trigolion gynt wedi diflannu i ebargofiant, bron pob un. Rhaid edrych yn fanwl ym Maldwyn i ddod ar draws enwau cyn-Geltaidd – efallai bod **Hafren** a **Gwy** yn ddwy enghraifft, yn ôl pob golwg, ond yn annelwig eu hystyr. Mae **Dyfi**, hefyd, braidd yn annelwig: ?*du* (< **duv*) + *-i* (c.f. *Arwystl* + *-i*). Ysbrydolwyd Dafydd Lwyd o Fathafarn yn y bymthegfed ganrif i gyfansoddi cywydd i'r afon hon, 'neidr fawr iawn' a estynnai 'o'r rhiw i'r ddwfr hallt.'

- Disgrifiadau syml oedd llawer o enwau afonydd a ffrydiau, megis **Bachog** (Trefeglwys), **Bechan** (Betws Cedewain a Llandysul) ac **afon Gam** (Llanerfyl, etc). Afon arall yw **Rhiw** (Aberriw) – efallai bod yr elfen **rhi-* hefyd i'w gweld yn **Rhaeadr** (y pistyll a'r afon), ac yn y gair Saesneg *rheostat* (o'r Groeg), ac mae ystyr **Disgynfa** (Llanrhaeadr-ym-Mochnant) yn amlwg! Mae **Marchnant** (afon sy'n llifo i mewn i Efyrnwy, bellach ar goll) yn mynd ar garlam fel ceffyl, a **Banw** (Banwy) a **Twrch** (Banwy) yn twrio trwy'r wlad fel moch bach. Mae'n bosib mai hen enw afon yw **Mochnant**, tra bod **Hafesb** (Aberhafesb, etc.) yn mynd yn hesb (sych) yn yr haf. Enwyd rhai afonydd ar ôl y planhigion fu'n tyfu wrth eu glannau, er enghraifft cegyr/cegid, efwr (*'hogweed, cow-parsnip'*) ac eiddew ar lannau afonydd **Cegir** (Glantwymyn), **Efyrnwy** (o Lanwddyn i Garreghwfa) ac **Eiddew** (Llanwddyn), ac wrth gwrs enw Cymraeg *Guilsfield* yw **Cegidfa**. Cafodd afonydd eraill eu henwau am eu bod yn swnllyd; mae'n hawdd clywed iaith afonydd **Clywedog** (Llanidloes) ac **Ieithon** (Ceri)!
- Disgrifiadau o'r tir llwm mynyddig o'u cwmpas oedd enwau rhai o lynnoedd sir Drefaldwyn, fel **Llyn Fawnog-ddu** (Trefeglwys), **Llyn Moelfre** (Llansilin), **Llyn Tywarchen** (Llanbryn-mair) a **Llyn Du** (un yng Nghaersŵs ac un ym Meifod). Cafodd eraill eu henwau o greaduriaid byw, megis **Llyn Coch Hwyad** (Llanbryn-

mair), **Llyn y Tarw** (Caersws) a **Llyn Gwr-drwg** (Cadfarch). At enwau *Bugeilyn* (llyn y bugail) a *Coethlyn* (o bosib yn dod o Coed-llyn) ychwanegwyd gair disgrifiadol diangen, 'llyn', i gynhyrchu **Llyn Bugeilyn** (Cadfarch) a **Llyn Coethlyn** (Banwy). Pan grëwyd cronfeydd dŵr ar dir Maldwyn fe gawsant eu henwau o'r afonydd oedd yn eu llenwi, sef **Llyn Efyrnwy** a **Llyn Clywedog**.

- Ymddengys *Nant* yn eithaf aml yn enwau lleoedd yn y sir. Mae dau ystyr i'r gair hwn; *cwm* yw *nant* (gwrywaidd), a *ffrwd* yw *nant* (benywaidd). Ar y tir uchel mae hi weithiau'n anodd iawn i wahaniaethu rhwng y ddau ystyr – mae'n eithaf posib bod **Nant Cwmdyfnant** (Banwy), **Nant Esgaireira** (Glantwymyn), **Nant Heli** (Llanbryn-mair), **Nant y Fedw** (Cadfarch) ac yn y blaen yn golygu'r cymoedd – *a'r* ffrydiau sy'n llifo trwyddynt. Mewn achosion eraill mae'n hawdd penderfynu; mae'n glir o'i ystyr mai *cwm* yw **Ceunant** (llawer o enghreifftiau dros y sir), heb sôn am gadarnhad o **Ceunant Du** (Llanbryn-mair, etc.), **Pistyll y Ceunant** (Llanwddyn) ac **Esgair Ddeunant** (Llanbryn-mair). Ceir yr un fath o dystiolaeth mewn enwau ffrydiau (benywaidd) fel **Nant-goch** a **Nant-ddu** (Cadfarch), a **Ffynnon Teirnant** (Llangynog).

- Enw tref, wrth gwrs, yw **y Trallwng**, ond efallai ei fod yn perthyn yma oherwydd arwyddocâd yr enw, sef 'mawr ei lwnc, pwll budr, man corsiog' a gyfleir hefyd gan yr enw Saesneg, *Pool* (Welsh*pool* i'w wahaniaethu oddi wrth *Poole* yn swydd Dorset).

Y Mynyddoedd a'r Bryniau

Man uchaf sir Drefaldwyn yw **Pumlumon Fawr**, a'i hystyr honedig: *pump + llumon*, 'corn simnai' ac felly 'corn mynydd' – ond tasg eithaf anodd fyddai chwilio am y bum corn ymhlith copaon Pumlumon! Rhywle ger pen y mynydd mae tair afon bwysig yn tarddu:

Tair afon Pumlumon lân
o'r un tir a wna teirran
(*Lewys Glyn Cothi*)

Nid mor uchel, ond yn fwy o lawer yw mynyddoedd **y Berwyn**, efallai < *bar*, 'pen, copa', + *gwyn*. Ceir yr un elfen, *bar*, mewn enwau fel *Crug-y-bar* (Caerf.), *Tombarlwm* (Myn.) a *Barr Beacon* (Staffs). Ydi'r Berwyn yn 'wyn' oherwydd ei eira gaeafol? Mae enwau **Esgaireira** (Glantwymyn) a **Nant yr Eira** (Llanerfyl) yn fwy sicr eu hystyr.

Nodweddir y bryniau amlwg eraill wrth eu henwau. Bryn y gellir ei weld o bell yw **Breiddin**; ?*braidd* + *din*, 'amddiffynfa' (= 'caer ar ben pellaf y mynydd'?) sy'n agos at **Cefn Digoll** (*Long Mountain*) (Ffordun); naill ai yn 'gefn di-nam' (h.y. heb fylchau) neu'n 'gefn moel' (h.y. heb goed coll). Ceir hefyd **Bryn Amlwg** (Llanbryn-mair), **Bryn Mawr** (mwy na deg ohonynt), **Cefn Hirfynydd** (Pen-y-bont-fawr) **Cefn Llydan** (Tregynon) a **Mynydd Mawr** (Llanfyllin, etc). Yn ffinio ar sir Faesyfed mae **Hirddywel** (Llandinam); *hir* + elfen annelwig. Bu Hirddywel yn enwog yn y Canol Oesoedd am ei merlod, ond bellach am ei melinau gwynt. Aeth Hywel ap Syr Mathew ar goll ar Fynydd Hirddywel ar Nos y Nadolig rywbryd yn yr unfed ganrif ar bymtheg a'i felltithio fel hyn:

> Ffrydiau pydewau duon
> Ffyrnau Hers *[tin]* Uffern yw hon.

Enwir y bryniau yn ôl ei siâp:

- 'Llethr neu riw cyffredin' yw **Allt**; yn annhebyg i'r De nid oes angen iddi fod yn goediog; **Allt Fawr** ac **Allt Goch** (llawer), **Allt Tair Ffynnon** (Llangedwyn), **Allt y Moch** (Llandinam), **Allt yr Eryr** (Llanwddyn);
- Gwelir *banc*, gair benthyg o'r Saes. *bank*, yn aml; **Banc Llechwedd Mawr** (Cadfarch), **Banc Rhyd-wen** (Llanbryn-mair), **Banc y Groes** (Llanidloes), **Banc y Neuadd** (Trefeglwys);
- 'Bryncyn, codiad tir' yw *boncyn* (gair benthyg < Saes. *bonc/bank*); **Boncyn Blaen-y-cwm** (Llanbryn-mair), **Boncyn Gwyn** (Llangynog), **Boncyn y Beddau** (Tregynon), **Boncyn y Ceunant** (Llanbryn-mair);
- 'Esgair mynydd' yw *braich*; **Braich y Cawr** a **Braich y Gawres** (Llanrhaeadr-ym-Mochnant), **Braich Garw** (Glantwymyn), **Braich y Garreg** (Cadfarch);
- 'Llethr bryn' yw *bron*; **Bron-y-gaer** (Llanfyllin); **Bronfelen** (Llandinam), **Fron Fawr** (Glantwymyn); gellir gweld tuedd y Canolbarth i dreiglo heb fod ar ôl y fannod yn **Fron Siôn Huw** (Aberriw);
- Bryn yw *bryn*; **Bryn Cadfan** (Llanbryn-mair), **Bryn Coch** (nifer), **Bryn Dadlau** (Mochdre – cymh. **Esgair Ymryson** (Llangurig)), **Bryn Pant-y-drain** (Ceri);
- 'Trum' neu 'esgair' yw *cefn*; **Cefn Caregog** (Meifod), **Cefn Coch** (Dwyriw), **Cefn Gwyntog** (Llanwddyn), **Cefn Hirfynydd** (Pen-y-bont-fawr);

'Nhad a Mam

Hogyn y tridegau...

Taid a Nain Diosg

Y teulu adref:
Gwilym, 'Nhad, Dilys, Mam
a minnau

Ysgrif Penri Jones

Penri Roberts

Linda Gittins

Derec Williams

Barri Jones a Geraint Roberts yn y sioe,
Pum Diwrnod o Ryddid

*Pum aelod o Barti Gad ar adeg swper plygain yn ffermdy Plas Coch,
Llangynyw, ger Llanfair Caereinion, 23 Rhagfyr 1973.*

*Carolwyr yn derbyn eu swper ar aelwyd y teulu Watkins
yn ffermdy Cefn Llwyd, Llangynyw, 1973.
Lluniau drwy garedigrwydd Amgueddfa Werin Cymru, Sain Ffagan.*

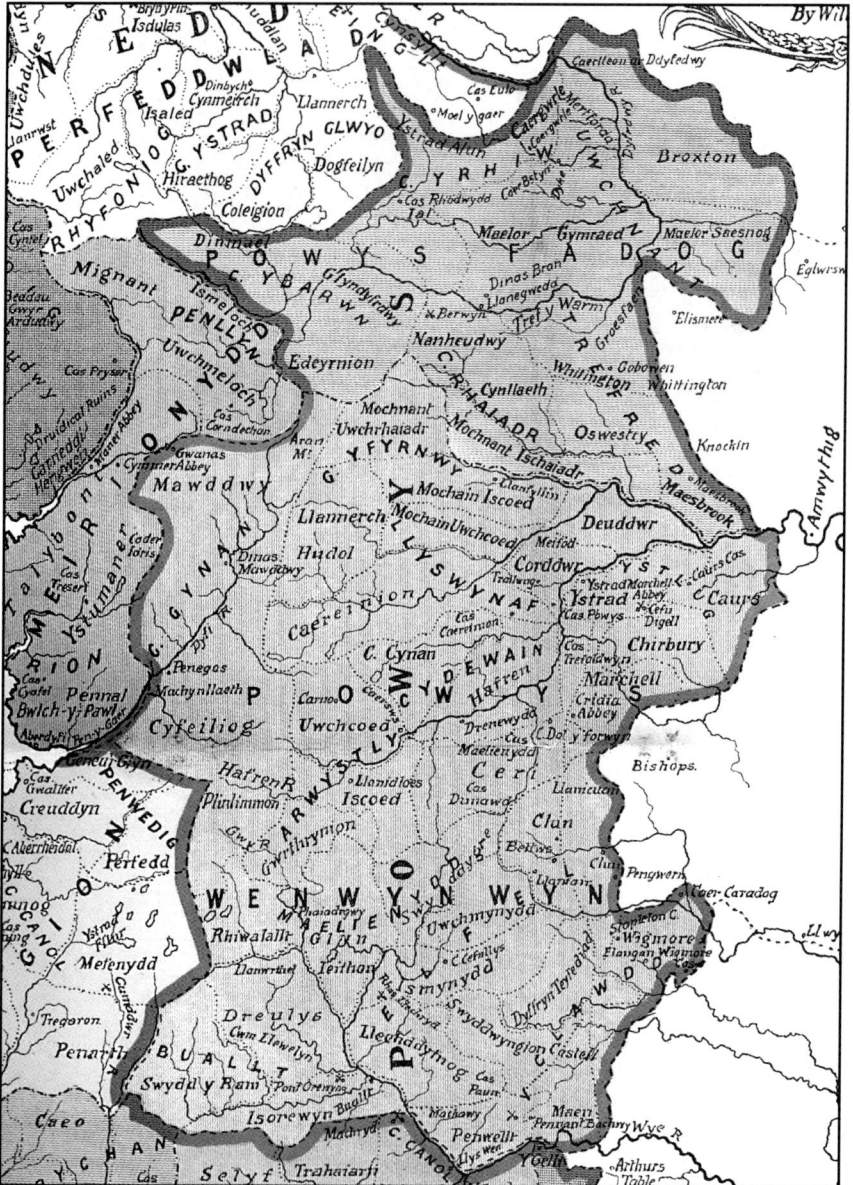

Powys Fadog a Phowys Wenwynwyn ar fap William Owen, 1900

Ymryson coits ar ddiwrnod mabolgampau Rhiwiriaeth ar Fferm y Cross yn 1981. O'r chwith i'r dde: Allen Williams, Glyndwr, Maldwyn Evans, Douglas Jones, Ty'n fawnog, Emlyn Evans, Tŷ Isa, Ron Williams ac Arwyn Tŷ Isa.

Maldwyn yn taflu coits ar ddiwrnod mabolgampau Caersws tua diwedd yr wythdegau.

Llun o bedoli yn Efail y Wig

Pedair cenhedlaeth o ofaint Efail y Wig, Pontrobert

*Aelwyd Penllys yn 1967, ar ôl ennill cystadleuaeth y Noson Lawen yn
Eisteddfod Genedlaethol yr Urdd, Caerfyrddin, gydag Elfed
yng nghanol y miri i gyd.*

Y teulu y tu allan i Benantwrch, tua 1907.
O'r chwith: Sarah Elizabeth (merch), Sarah Ellis (mam), Joseph Benson Ellis
(tad Elfyn Ellis), Margaret Elinor Ellis (merch), Rosamond Ellis (merch)

Tystysgrif bedydd Jane, merch David Ellis (y cyntaf), 1796-1850

*Wynebddalen argraffiad 1824
o'r Gramadeg*

*Wynebddalen
Almanac Siôn Rhydderch, 1720*

Pentref Cemaes, o gasgliad John Thomas

(y lluniau hyn trwy ganiatâd Llyfrgell Genedlaethol Cymru)

- *Esgair* yw 'hirfryn, coes y mynydd', siâp a welir yn aml ar fynyddoedd y Canolbarth; **Esgair Ddu** (Cadfarch, Llanbryn-mair), **Esgair Ffridd-fawr** (Llanbryn-mair), **Esgair y Graig** (Llangurig) ac **Esgair y Groes** (Trefeglwys);
- 'Bryn moel' yw ystyr *moel* (benywaidd); **Coed y Foel** (Llangurig), **Moel Blaen-y-cwm** a **Moel y Cwrt** (Llanbryn-mair), **Moel y Mab** (Ffordun), **Moel yr Ewig** (Llanrhaeadr-ym-Mochnant). Wrth gwrs, mae'r gair 'moel' yn disgrifio bryn fel ag yr oedd amser maith yn ôl – mae llawer o foelydd wedi'u gorchuddio gan goed ers tro byd;
- Mae *mynydd* yn cynnwys unrywbeth o fryncyn i fynydd go iawn – **Mynydd Bach** a **Mynydd Bychan** (Cadfarch), **Mynydd Rhyd Ddu** (Llanerfyl), **Mynydd y Defaid** (Llangurig), a lluaws o fynyddoedd eraill o bob siâp a llun.

Weithiau fe wahaniaethir rhwng y bryniau trwy enwi tirlun, planhigion neu fanylion amaethyddol; megis **Bryn Derw** (Glantwymyn), **Bryn y Fedwen** (Cadfarch), **Cefn Dreiniog** (Meifod), **Cefn Hirbrysg** (Llangurig), **Cefn y Coed** (Llangedwyn), **Cefn Llwyni** (Llanfyllin), **Banc-y-ffridd** (Llanidloes) (*ffridd* = gwaun, rhos, ysfa) ac **Esgair Draenllwyn** (Carno), **Esgair Llwyn-gwyn** (Llangurig), **Mynydd Tarw** (Llanrhaeadr-ym-Mochnant).

Y Dyffrynnoedd

Mae nifer o enwau gwahanol am ddyffrynnoedd. Fel arfer mae *nant*, 'cwm', yn dwyn ei enw o'r nant, 'ffrwd' sy'n llifo trwyddo (gweler uchod). Ceir hefyd *cwm, dyffryn, glyn, pant* ac *ystrad*:

- Dyffryn cul a dwfn wrth darddiad afon neu afonig yw *cwm*; **Cwm Berllan** (Glantwymyn), **Cwmblowty** (Llanrhaeadr-ym-Mochnant – *cwm* + *blawd* + *tŷ*), **Cwm-y-bwch** (Carno), **Cwm y Saeson** (Llangurig);
- Mae *dyffryn* yn bantle hir neu'n wastadedd (< *dwfr* + *hynt*, 'llwybr [yr] afon'); **Coed Dyffryn** (Meifod), **Dyffryn Dyfi** (Glantwymyn), **Dyffryn Gwy** (Llangurig), **Dyffryn Meifod** (Meifod);
- Dyffryn cul yw *glyn*, lle coediog, yn aml; **Glyn Gynwydd** (Llangurig – o bosib *cynwydd*, 'coed, pren' neu *Cynwydd*, enw person?); **Glynhafren Is Coed** (Llanidloes), **Glynhafren Uwch Coed** (Llangurig), **Glyn Trefnant** (Trefeglwys – *glyn* + *tref* + *nant*);
- Ceuedd neu bannwl yw *pant*; **Gwern-y-pant** (Llansanffraid), **Pant**

y **Chwarel** (Trefeglwys); **Pant y Lladron** (Llangynog), **Pantygeiliagwydd** (Llanerfyl);

- Gwastadedd neu lawr y dyffryn yw *ystrad*; **Coed yr Ystrad** (Llanfihangel), **Ystrad Faelog** (Caersŵs – *Maelog*, enw pers.), **Ystradelfedan** (y Trallwng – *Elfedan*, enw pers.), ac **Ystrad Uchaf** (Llanfair Caereinion).

Y Tirlun

Yn sir Drefaldwyn mae miloedd o enwau sy'n disgrifio'r tirlun yn fanwl; enwau caeau, coedydd, rhosydd ac yn y blaen; mae'r rhan fwyaf ohonynt yn ddisgrifiad syml o safle, pwrpas neu berchenogaeth y llecyn:

- Yr **Ardd-lin** (Llandrinio – lle tyfwyd llin amaeth er mwyn cynhyrchu lliain;
- **Bwlch Cae Gruffudd** (Glantwymyn), **Bwlch Cam** (Llanwddyn), **Bwlch Tomlyd** a **Bwlch y Fedwen** (Banwy); **Bwlch y Gle** (Trefeglwys – *bwlch* + ?*gledd*, 'tywyrch, mawn')
- **Caerhedyn** (Llandinam), **Cae Jonathan** (Llanidloes), **Cae'r Lloi** (Cadfarch), **Cae Twm Coch** (Llandinam);
- **Carreg Bryn Sais** (Llanbryn-mair); **Carreg Fasnach** (Machynlleth); **Carreghwfa** (pwy bynnag oedd *Hwfa*); **Carreg y Frân** (Banwy);
- **Coed Beudy-llwyd** (Llanwddyn), **Coed Blaen-y-glyn** (Trefeglwys), **Coed Bryn Crogwr** (Glantwymyn), **Coed Siencyn** (Llanfyllin);
- **Crugiau Duon** (Llangurig – *crug*, 'bryncyn, carnedd'); **Crugion** (Basle a Chrugion); **Crugyn Llwyd** (Llandinam); **Crugynnau** (Ceri);
- **Dolhendre** (Llangynog), **Dolyfelin** (y Trallwng), **Dôl-y-maen** (Banwy), **Dolyronnen** (Glantwymyn);
- **Ffridd Caeaugleision** a **Ffridd Cwmyffynnon** (Llanbryn-mair), **Ffridd Faldwyn** (Trefaldwyn), **Ffridd Sant Ioan** (Llanwddyn);
- Ceir *gwaun* yn ei ffurf dreigledig, bron yn ddieithriad: **Gwaun Gwyddfarch** (Meifod), **Waun Bwlchmynydd** (Llangynog), **Waun Garno** (Carno), **Waun y Sarn** (Llanerfyl);
- **Gwern Heulyn** (Cegidfa), **Gwerneirin** (Llandinam), **Gwern Stablau** (Glantwymyn), **Gwern-y-bwlch** (Glantwymyn);
- **Llannerch** (Yr Ystog), **Llannerch Emrys** (Llangedwyn), **Llannerch Wen** (Llanerfyl), **Llannerch-yr-aur** (Llanbryn-mair);
- **Rhos Llechwedd-ddu** a **Rhos Lydan** (Llangurig), **Rhos y Llyn** (Cadfarch), **Rhos y Pwll** (Llanfyllin).

Mae gan bob un o'r lleoedd hyn ei stori ei hun, ac mae'r rhan fwyaf ohonynt wedi mynd i ebargofiant. Pam oedd y bwlch yn domlyd? Gwyddys pwy oedd Gwyddfarch, ond pwy oedd Heulyn a Twm Coch?

Teithio traws gwlad

Mae llwybrau a ffyrdd yn dra phwysig mewn bywydau pob dydd y trigolion, ac fe welir hyn mewn llawer o enwau lleoedd:

- Hen enw yw *sarn*, yn golygu 'llwybr neu ffordd ddyrchafedig', ac yn aml 'ffordd Rufeinig'. Rhaid wrth chwilio manwl i ddehongli ai ffordd Rufeinig neu beidio yw pob *sarn*; **Coed y Sarn** (Carno), **Llechwedd Sarnau** (Banwy), **Sarn** (Ceri), **Waun y Sarn** (Llanerfyl);
- 'Ffordd, rhodfa neu ffald' yw *heol* neu *hewl*; **Dôl-yr-heol** (Manafon), **Groes Heol** (Llanbryn-mair);
- **Cae-is-y-ffordd** (Aberriw), **Pen-y-ffordd** (Llanfihangel), **Esgair-y-ffordd** (Cadfarch), **Ffordd Gefn** (Pen-y-bont-fawr), **Ffordd-goch** (Llanbryn-mair);
- **Llwybr y Ceirw** (Llanbryn-mair) a **Llwybr Heulen** (Pen-y-bont-fawr – *heulen* = 'haul fach', cymh. **Moel Heulen** (Glantwymyn), **Cae Heulen** (Cadfarch);
- Trwy hanes, cerdded neu farchogaeth trwy'r dyfroedd fu'r unig ffordd o groesi'r rhan fwyaf o ffrydiau ac afonydd; **Rhydybiswail** (Glantwymyn – 'rhyd tail gwartheg'), **Rhydycarw** (Trefeglwys), **Rhyd y Felin** (Aberhafesb), **Rhydwhyman** (Trefaldwyn – ? < ?*chwim* + *-an*, ('afonig') gyflym');
- Cafodd y rhan fwyaf o bontydd eu codi'n eithaf diweddar; **Pont Bren** (Banwy), **Pont Mathrafal** (Llangynyw), **Pontrobert** (Llangynyw – yn ôl traddodiad ailadeiladwyd y bont gan Robert ap Oliver yn 1669), **Pont y Perchyll** (Betws Cedewain).

Cornel Iaith a Gramadeg

Hir oes i'r Treiglad Llaes!

'Penderfynodd hi beidio â cherdded tua thre fwy na thair gwaith gyda thri chi a chwe chath a'i chariad tra chryf.' Nid brawddeg lenyddol iawn efallai, ond un sy'n cynnwys naw rheswm am ddefnyddio'r treiglad llaes. Mae un rheswm arall, sef y gair *ma*, 'gwastadedd', 'maes'. Nid yn aml y byddwch yn dod ar draws lle sy'n cynnwys yr elfen hon, ond mae nifer ohonynt i'w cael ym Maldwyn:

- **Machynlleth** yw *ma* + *Cynllaith* (enw person);
- **Mathafarn** yw *ma* + *tafarn* (naill ai 'tafarn' neu 'lle gwerthu nwyddau' cymh. *Bathafarn* (Dinb, a *Mathafarn Eithaf*, (Sir Fôn));
- **Mathrafal** yw *ma* + *trafal* (o bosib, triongl o dir rhwng afonydd Efyrnwy a Banw);
- **Cilmachallt** < *Cilmacharn*, (*cil* + *y* (ar goll) + *ma* + *carn*, 'llecyn neu feudwyfa mewn maes lle mae carn');
- **Mechain** yw *ma* + enw afon *cain*, 'afon brydferth';
- Ond, er gwaethaf yr enw *Bathafarn*, **Bachaethlon** ydyw, nid *ma* + *caethlon*, ond *bach*, 'cil, cornel' + *maethlon*, 'ffrwythlon'; a **Bachelldre** yw *bachell* + *tref*, 'tyddyn yn y gornel'.

Rhai geiriau torfol

Weithiau defnyddir ffurfiau lluosog rhai mathau o enwau planhigion fel enwau torfol benywaidd. Y rhai mwayf niferus ym Maldwyn yw *y fedw*, ac *y wern*:

- **Llechwedd y Fedw** (Llangynog), **Nant Rhydyfedw** (Ceri), **Bryn Fedw** (y Drenewydd), **Fedw Fain** (Trefeglwys), **Fedw Lwyd** (Glantwymyn);
- **Banc y Wern** (Aberhafesb), **Coed Wern-goch** (Glantwymyn), **Wern-lwyd** (y Trallwng), **Nant y Ddwy Wern** (Llanwddyn).
- Ceir un enghraifft o leiaf o *coed* fel enw torfol benywaidd yn sir Drefaldwyn, sef **Coed Talwrn Fach** (Llansilin – cymh. *Mal-y-Goed* (Llangynllo, sir Faesyfed)).
- Hyd yn hyn nid wyf wedi dod ar draws enghraifft o *'y dderw'* ym Maldwyn, er iddo ddigwydd mewn mannau eraill yn y Canolbarth.
- Ffurf luosog o *'corsen'* ('calaf, cawn, callestr', cymh. Lladin *calex*) oedd *cors* yn wreiddiol, ac fe ddatblygodd i fod yn enw torfol benywaidd yn yr un modd â *bedw*, *gwern* a *derw*, ac fe newidiodd yr ystyr i 'siglen, mignen, sugnedd'; **Cors Fawr** (Banwy), **Bwlch-y-gors** (Dwyriw), **y Gors** (Machynlleth).

Nodweddion tafodieithol

Mae tafodiaith unigryw gan sir Drefaldwyn. Mae'n perthyn i'r gogledd, bid siŵr – Llangurig yw ffin olaf iaith y gogledd o ran geirfa a chystrawen yn aml iawn, ond mae nifer o nodweddion 'deheuol' sy'n amlwg ym Maldwyn. Mae'r *'u'* ogleddol yn tueddu fod yn wannach ym Maldwyn nag yng ngweddill gogledd Cymru, ac yn wannach rhwng Llangurig a Machynlleth nag yng ngweddill Maldwyn. Yn y sir hon ceir *rŵan, efo, meirioli* a *bwrdd* yn lle *nawr, gyda, dadmer* a *bord;* ond fe geir *llaeth, cwympo* a *cyfer* yn lle *llefrith, syrthio* ac *acer.* Prif nodweddion llawer o'r ardal yw *'i'* ymwthiol mewn geiriau fel *ciega* (cega) a *gien* (gan), a'r *'æ'* enwog mewn geiriau fel *mæm, tæd* ac *ar wahæn.*

O bryd i'w gilydd gellir gweld nodweddion iaith yr ardal mewn enwau lleoedd:

- Mae *gro* ('traeth graeanog wrth afon') yn wrywaidd yn y Canolbarth; **Rhyd-y-gro** (Tregynyon), **Carn-y-gro** (Llangurig), **y Gro** (Llanidloes);
- Mewn sawl rhan o Gymru ceir term arbennig am lwybr fferm; *lôn bach* yng Ngheredigion a *feidir* neu *foidir* yn sir Benfro. Ym Maldwyn (a rhannau o Feirionnydd) *wtra* yw'r fath lwybr; **Ty'n yr Wtra** (Llandinam), **Nant Wtre-wen** (Llanfair Caereinion), **Pen-yr-wtre** (Castell Caereinion);
- Yng ngweddill Cymru fe geir *clawdd, perth* a *gwrych* (a'u hamrywiadau); ym Maldwyn (a rhannau o Feirionnydd, Ceredigion a Maesyfed ceir *shetin, sheting,* neu *sietyn* a'i ffurf lluosog *stingoedd;* **Ty'n y sietyn** (Banwy), **Coed Ty'n y Sietyn** (Tregynon), **Cefn Stingwern** (Aberriw);
- *Boncyn* yw gair Maldwyn am 'dipyn o fryn' (< Saesneg *bonk/bank*); **Pen Boncyn Cerniau** (Banwy), **Boncyn Blaen-y-cwm** (Llanbryn-mair), **Boncyn Gwyn** (Llangynog);
- *Clap* yw 'talp o dir'; **Carreg Clap** (Llanwddyn), **Clap Cae Derw** (Llanidloes);
- O'r gair Saesneg *coppy / coppice* ddaw *copi;* **Copi Breichiau** (Banwy), **Copi'r Graig** (Llanfihangel).

Trigfannau

Lleoedd preswyl

Mae enwau trigfannau yn arwyddocaol iawn ac yn dweud llawer am ddulliau byw ein hynafiaid. Gellir olrhain rhai ohonynt yn bell yn ôl mewn hanes ac mae sawl gair wedi newid ystyr dros yr oesoedd. Yma gwelir ychydig o'r rhai mwyaf amlwg:

- Yn y gogledd mae'r gair *bod*, 'cartref arhosol, annedd' yn eithaf cyffredin, ond fe'i geir yn anaml iawn yn y de. Enghreifftiau yn sir Drefaldwyn yw; **Bodfach, Bodran** a **Bodyddon** (*bod* + ?enw pers. *Iddon*) (Llanfyllin), **Bodynfoel** (bod + ?enw person *Ynfol*) (Llanfechain).
- Gwelir yr elfen *bod* mewn geiriau fel *eisteddfod* a *hafod* (*haf* + *bod*, 'lle i fyw yn ystod yr haf'); **Hafodcadwgan** (Trefeglwys), **Hafod-talog** (Tregynon), **Hafod Lydan** (Llangurig). Mae rhai yn tybio bod Meifod yn amrywiad ar *hafod*, sef 'lle i fyw o fis Mai ymlaen', ond nid yw safle Meifod yn gweddi i'r ystyr hwn – mae 'anheddiad yn y canol' yn bosibl, < *mei-* < **meidd* < **medio-*, 'hanner, canol', cymh. *Meidrim* (Caerf).
- Gall *lluest* (*llu*, 'cwmni, tyrfa, + *gwest*, 'arhosiad, llety') olygu rhywbeth cyffelyb i *hafod*, a gwelir nifer o'r rhain ar ucheldiroedd y Canolbarth; **Lluest Dropyns** (Llanbryn-mair), **Lluest Isaf** (Carno), **Mynydd Lluest y Graig** (Llanerfyl);
- Daw llety o'r elfennau *lled*, 'hanner' + *tŷ* (hynny yw, nid tŷ go iawn, ond 'math o fwthyn i aros ynddo dros dro' > 'gwesty, lojins'; **Llety'r Aderyn** (Llanfihangel), **Llety yr Eos** (Llanfyllin), **Lletymorfudd** (Cadfarch – enw menyw *Morfudd*), **Lletygynfarch** (Ffordun – ?enw person *Cynfarch*?);
- I'w gymharu â'r breswylfa dros dro, yr *hendref*, 'yr hen dref', oedd trigfan barhaol y teulu: **Allt yr Hendre** (Llandinam), **Coed yr Hendre** (Carno), **Hendre-boeth** (Glantwymyn), yr **Hendre-fach** (Llanbryn-mair);
- *Tref* yw'r ail elfen yn y gair *hendref*, gair y mae nifer o ystyron ganddo, sef 'trigfan, cartref, tyddyn, fferm, trefgordd, pedwar rhandir, canolfan boblog (o adeiladau)' a 'llwyth' (o bobl). Rhaid, felly, bod yn ofalus iawn wrth geisio dehongli enwau lleoedd 'tref'. Mae'n ddiddorol sylwi bod cymaint o blwyfi (cymunedau bellach) yn cynnwys yr elfen tref; **Drefor**, ? 'tre fawr' (Ceri), **Maestregymer** (*maes* + *tref* + *cymer*), **Mochdre, Trefeglwys, Trefnannau** (Meifod – *nannau* = *nentydd*), **Tregynon**, 'tref Cynon', **Trelydan** (y Trallwng), ?'fferm helaeth', **Trelystan**, ? 'tref Elystan' (Ffordun). Cyfieithiad o'r Saesneg *Newtown* yw **y Drenewydd**, tref mae'r rhan fwyaf ohoni wedi'i lleoli ym mhlwyf Llanllwchaearn, hyd heddiw!
- Mae nifer o enwau lleoedd, yn enwedig yn agos at y ffin bresennol â Lloegr, sydd yn ffurfiau Cymraeg ar enwau Saesneg, rhai heb

ystyr, ac eraill yn gwneud rhyw fath o synnwyr yn y Gymraeg; **Halchtyn** (Llandysilio (= *Haughton*) < *halh*, 'bach, cil' + tun, *'tref'*, **Tre'r-llai** (Ffordun – (*Y Llai* mewn ffynonellau sy'n dyddio o'r bymthegfed a'r unfed ganrif ar bymtheg) < *Leighton*, H.Saes. *leac*, 'cenhinen' + *tun*, 'tref'; **Yr Ystog** < (*Church*)*stoke* (H.Saes stôc, 'fferm, anheddiad');

- Roedd y bobl bwysig yn byw mewn cadarnleoedd a thai crand; **Castell-bach** (Glantwymyn), **Castell Caereinion, Castell Coch** (y Trallwng – *Powis Castle* y Saeson), **Castell-wrych** (Yr Ystog – *Castlewright* y Saeson), **Cwrt y Person** (Meifod), **Plas Meredydd** (Aberriw). Tystiolaeth o weithgareddau milwrol cynharach yw *Caer*, fel yn **Caersŵs** (*Caer*, 'amddiffynfa, castell' + ?enw person Sŵys, cymh. **Nant Swsan** (Carno) a **Sarn Swsan** (ffordd Rufeinig ger Caersŵs); **Caer Din** (Yr Ystog); **Caer Hywel** (Trefaldwyn); **Y Gaer** (Trefeglwys).

Llannau Maldwyn

Fe ddaw'r gair *llan* o'r un gwreiddyn a'r gair Saesneg ac Almaeneg *land*. Bu'r *llan* gynt yn ddarn o dir wedi'i ennill o'r fforest gyntefig, a gwelir yr ystyr gwreiddiol hwn mewn geiriau megis *llannerch, coedlan, corlan, perllan* a *gwinllan*. Rhoddwyd yr enw *llan* ar y caeau lle codwyd eglwysi cynnar – i raddau am fod llawer o'r rhain wedi'u lleoli ar safleodd cylchoedd y derwyddon gynt; mae'n bosibl bod y gair yn mynd yn ôl at lannerchi sanctaidd y Celtiaid. Felly, trefn datblygiad y gair oedd rhywbeth fel hyn:

(1)   llannerch yn y goedwig;
(2)   llannerch gysegredig yr hen Geltiaid
(3)   llannerch lle lleolir eglwys;
(4)   mynwent;
(5)   y Nef;
(6)   yr eglwys ei hun;
(7)   pentref a dyfodd o gwmpas yr eglwys.

- Defnyddiwyd enw **Y Llan** yn aml ar ei ben ei hun i olygu 'canolfan y plwyf' neu 'ardal o gwmpas canolfan y plwyf'. Ceir enghreifftiau yng Nghegidfa, Llandrinio, Llanwddyn a Llansanffraid-ym-Mechain. Yng nghymuned Llanbryn-mair, dau le ar wahân yw **Llanbryn-mair** (y pentref presennol ar y briffordd) a'r **Llan** (y tai o gwmpas eglwys y plwyf);

- Dygodd rhai o lannau sir Drefaldwyn eu henwau o'i lleoliadau; **Llandinam** 'Eglwys ger y gaer'; *llan*, 'llannerch, eglwys' + *dinam*, *dinan*, 'amddiffynfa', **Llandinir** (Aberriw) ? < nant neu *?glan* + *Dinir*; efallai *Nant Llifior* (Saes., 'Llifior Brook'), **Llanrhaeadr-ym-Mochnant** (enw afon), **Llanfechain** (*Llan* + *Mechain*), **Llanieithon** (Betws Cedewain – ?Glan (afon) *Ieithon*), **Llanllugan** (afon *Llugan* neu enw person?), **Llanifyny** a **Llaniwared** (Llangurig – y 'llan uchaf' (*i fyny*) a'r 'llan isaf' (*i waered*));
- Cafodd y rhan fwyaf o lannau eu henwau o hen seintiau'r Cymry; **Llandrinio**, 'eglwys Trunio (neu Trinio)'; **Llandybo** (ar goll – ?Tybwy / Tybo?), **Llandysilio** (Tysilio, ffurf ar Sulien), **Llandysul** (Tysul), **Llanerfyl** (? Eurfyl > Erfyl, Urfyl, / santes Urfyl?), **Llanfyllin** (Myllin), **Llangadfan** (Cadfan), **Llangadwaladr** (Llansilin – Cadwaladr Fendigaid), **Llangurig** (Curig Lwyd), **Llangynog** (Cynog), **Llangynyw** (Cynyw), **Llanidloes** (Idloes), **Llangedwyn** (Cedwyn), **Llanllwchaearn** (Llwchaearn), **Llansanffraid-ym-Mechain** (Ffraid / Brigid: un o santesau Iwerddon, a bod yn gywir), **Llansilin** (Silin), **Llanwddyn** (Gwyddyn), **Llanwnnog** (Gwynnog) **Llanwrin** (Gwrin), **Llanwyddelan** (Gywddelan);
- Yn ddiweddarach, yn y Canol Oesoedd, a Chymru yn fwy clwm at rym yr Eglwys Rufeinig, daeth Mair a Mihangel (<'*Michael angel*') yn boblogaidd iawn ymhlith y Cymry a'r Normaniaid gormesol fel ei gilydd, a'r adeg hynny sefydlwyd eglwysi o dan nawdd y seintiau hyn, naill ai yn eglwysi newydd, neu weithiau o bosib yn disodli cysegriadau cynharach. Nid oes llawer o'r rhain i'w cael ym Maldwyn:
  * Mair: **Llanfair Caereinion, Llanbryn-mair** a **Llanfair yng Nghedewain** (hen enw'r Drenewydd);
  * Mihangel: **Llanfihangel-yng-Ngheri** (= pentref Ceri), **Llanfihangel-yng-Ngwynfa**, (?*Gwynfa* ='tir hyfryd'?)
- Ymhlith lleoedd eglwysig eraill sir Drefaldwyn gellir cyfri: **Llanymynech** ('llan y mynachod'), **Capel Banhadlog** (*Old Chapel* – Llandinam), **Coed y Capel** (un yn Llansilin, un yn Llanbryn-mair), **Pont y Capel** (Llansanffraid), **Betws Cedewain** (Saes. *Bedhus*, 'tŷ gweddi'), 'capel anwes Cedewain'.
- Ac yn olaf **Llamyrewig**; nid 'llan' o gwbl, ond llygriad o *llam yr ewig* yw 'Llanmerewig' fel y gwelir yn aml:

Llywiech ewig, Llwchaearn;
Neitiodd i bwll hyd Dydd Barn.
Ni chaid einioes i'ch dynion
heb roi cwymp i'r ewig hon.

(Siôn Ceri, 16g.)

Ôl-nodyn

Dyma ni wedi dod i ddiwedd ein taith hanesyddol o gwmpas sir Drefaldwyn a'i chyffiniau. Rwy'n mawr obeithio nad testun hanesyddol yn unig mo hwn, ond hefyd golwg fer ar gyfoeth o enwau lleoedd fydd yn dal i fod ar dafod-leferydd y werin bobl am amser maith yn y dyfodol. Os nad ydym ni, siaradwyr y Gymraeg, yn eu harfer, eu coleddu a'u mwynhau, fydd neb arall yn ei wneud drosom. Yn y frwydr i gadw ein hiaith a'n diwylliant yn fyw yn yr oesoedd a ddaw, mae enwau lleoedd, mawr a bychain, yn rhan bwysig dros ben o'n hunaniaeth fel cenedl. Hir oes i'r Iaith Gymraeg ar ein mapiau a'n tafodau!

Llyfryddiaeth

Dyma'r prif ffynonellau cyhoeddiedig a ddefnyddiwyd wrth baratoi'r ysgrif hon. Ceir llyfryddiaethau eang a manwl yn y gweithiau hyn.

Davies, Elwyn (1957): *Rhestr o Enwau Lleoedd*. Caerdydd: Gwasg Prifysgol Cymru).

Ekwall, Eilert (1960): *The Concise Oxford Dictionary of English Place-names*. Oxford: Clarendon Press.

Ellis, T.I. (1957): *Crwydro Maldwyn*. Llandybïe: Lyfrau'r Dryw.

Griffiths, Bruce (gol.) (1981): *Gwerin-Eiriau Maldwyn*. Penrhosgarnedd ger Bangor: Llygad yr Haul.

Griffiths, Bruce a Jones, Dafydd Glyn (1995): *Geiriadur yr Academi*. Caerdydd: Gwasg Prifysgol Cymru.

Jones, Lewis Bedwyr (1991): *Enwau*. Llanrwst: Gwasg Carreg Gwalch.

Jones, Lewis Bedwyr (1992): *Yn ei elfen*. Llanrwst: Gwasg Carreg Gwalch.

Morgan, Richard (1998): *A Study of Radnorshire Place-Names*. Llanrwst: Gwasg Carreg Gwalch.

Morgan, Richard (1999): *A Study of Breconshire Place-Names*. Llanrwst: Gwasg Carreg Gwalch.

Morgan, Richard (2001): *A Study of Montgomeryshire Place-Names*. Llanrwst: Gwasg Carreg Gwalch.

Owen, Hywel Wyn (1998): *A Pocket Guide. The Place-Names of Wales*. Cardiff: University of Wales Press.

Phillips, V.H.(1981): 'Iaith Lafar Sir Drefaldwyn' yn *Bro'r Eisteddfod (cyflwyniad i Faldwyn a'i Chyffiniau)*, gol. Gwynn ap Gwilym a Richard H. Lewis, Abertawe: Christopher Davies

Pierce, Gwynedd O., Roberts, Tomos ac Owen, Hywel Wyn (1997): *Ar Draws Gwlad*. Llanrwst: Gwasg Carreg Gwalch.

Pierce, Gwynedd O., a Roberts, Tomos 1999): *Ar Draws Gwlad 2*. Llanrwst: Gwasg Carreg Gwalch.

Richards, Melville (1973): *Welsh Administrative and Territorial Units*. Cardiff: University of Wales Press.

Roberts, Enid Pierce (1981): 'Enwau Lleoedd Bro'r Eisteddfod'. Yn *Bro'r Eisteddfod (cyflwyniad i Faldwyn a'i Chyffiniau)*, gol. Gwynn ap Gwilym a Richard H. Lewis, Abertawe: Christopher Davies

Thomas, R.J. ac eraill (1950-2002) *Geiriadur Prifysgol Cymru*. Caerdydd: Gwasg Prifysgol Cymru.

Williams, J. Gwynn (1981): 'Hanes Ffurfio Sir Drefaldwyn'. Yn *Bro'r Eisteddfod (cyflwyniad i Faldwyn a'i Chyffiniau)*, gol. Gwynn ap Gwilym a Richard H. Lewis, Abertawe: Christopher Davies

Rhigymau, englynion a phenillion

Arwyn 'Gro' Davies

Hen iawn iawn yw'r traddodiad o rigymu, neu lunio penillion, i ddisgrifio ryw hanesyn neu achlysur arbennig. Mae pridd a daear Maldwyn wedi ysbrydoli prydyddion di-ri i hogi eu harfau i'r perwyl hwn. Fel y gwelir drwy bori drwy'r bennod hon, y mae'r arfau hynny yr un mor finiog heddiw ag y buont erioed, a'r llafnau yr un mor niferus. Mae'r grefft sydd yn hen ganrifoedd yn ôl, yn parhau'n doreithiog ir yn nhiroedd Maldwyn heddiw.

Dyma rai penillion a ddysgwyd gan blant y sir yn hanner cyntaf yr ugeinfed ganrif, na ellir rhoi dyddiad arnynt, a phrin y gellid dod o hyd i neb fedr enwi eu hawduron erbyn hyn!

Tra bo Cerrig ar Foel Bentyrch,
tra bo dŵr yn afon Bryncyrch,
tra bo derwen ar barc Llysun
mi gara'i forwyn Maesllymystyn.

Dolenai'r afon delaid
heb awydd mynd yn bell,
cred hithau fel y deiliaid
nad hawdd cael ardal well.

Ymddangosodd y *Coel Gwlaw* isod mewn print yn 1888 gyda'r awgrym ei fod wedi ei lunio yn y flwyddyn 1600.

Y ci yn bwyta glaswellt
a'i fol yn rhontio'n fawr,
yr wennol yn ehedeg
yn agos iawn i'r llawr,
y mochyn yn y buarth
a'i roch drwy'r dydd yn dal,

a'r llyffant du turdenog
yn crawcian yn y wal.

Y morgrug mân asgellog
i'w gweld yn britho'r llawr,
a niwl y llyn yn myned
i ben y mynydd mawr.
Y gath yn rhyw ymestyn
ar bared pren gerllaw,
pan weloch ditw'n cripian:
yn fuan iawn daw'n wlaw.

Y twrch yn codi priddwal
rhyw dyrau tewion mawr,
y wenci yn dod allan
ar doriad boreu'r wawr,
y defaid yn ymbrancio
a chwareu yma a thraw:
wel, dyna i chwi arwyddion
fydd sicr iawn o wlaw.

Mewn print hefyd yr adeg honno yr ymddangosodd yr englyn am y falwoden a luniwyd gan Robert Roberts, Cwmderwen, Cwm Nant yr Eira. Yr hyn sy'n gwneud y gerdd hon mor ddiddorol yw'r ffaith mai'r englyn buddugol yn Eisteddfod Llanwddyn, 1888 ydyw – honno oedd yr eisteddfod olaf a gafodd ei chynnal cyn i'r dŵr gael ei gronni, a boddi'r Llan am byth.

Y Falwoden

Ymlusgiaid lom hawdd i'w siomi – ydyw
   'R falwoden lesg, ddifri,
   heb asgwrn yn ymbesgi,
  drwy ei chyrn yr edrych hi.

Bron i ganrif yn ddiweddarach y lluniodd R.O. Hughes, Llanfyllin, y penillion isod i'r Llyn:

Llyn Llanwddyn

Dan gysgod hir y mynydd
a brigau glas y glyn,
mae dŵr y llan yn llonydd
o gwmpas min y llyn.

Yr harddwch sy'n teyrnasu
o flaen fy llygaid i,
a'r llyn yn adlewyrchu
y llun uwchben y lli.

Fe syllais ar y dyfroedd
drwy'r lliain sidan llyfn,
lle boddwyd un o 'nghymoedd
o dan dywyllwch dyfn.

Rhyw sibrwd mae y murddun
ei ochain dan y dŵr,
a chwalu'n ddi-amddiffyn
mae'r cloddiau heb ddim stŵr.

Yng nghysgod hir y dyffryn
y llun a welais i
oedd Llan yr hen Lanwddyn
mewn dagrau dan y lli.

Rheibio'r dyfodol o'i heisteddfodau a'i cherrig beddi. Filltiroedd i
ffwrdd ym mhen arall y sir, ym mhentref bychan Llan – pentref sydd
nepell o Lanbryn-mair, ar y ffordd rhwng Llanbryn-mair a Penffordd-
las, gellir dod o hyd i garreg fedd ym mynwent yr eglwys y gellir
honni fod arni un o'r ysgrifau hiraf a welir ar garreg fedd! Claddwyd
Richard Hughes, Pennant Uchaf, Llanbryn-mair ar 9 Mai, 1906 gyda'i
wraig Sarah. Dyma'r geiriau sydd ar y garreg:

Ar dywarchen las ei feddrod
wylo'n hallt fyn hiraeth pur,
meddyg gwerin orwedd yma
un fu byw i leddfu cur,
âi yn fodlon heb ei dalu
at y teulu cyfyng trist,
roedd gan dlawd y fro ddau feddyg:
Richard Hughes ac Iesu Grist.

Bodlonodd Derwenog (James Roberts, Cwmderwen, Llanerfyl – a brawd y Robert Roberts uchod) ar lunio englyn i'w osod ar garreg fedd un o'i gymdogion, Evan Roberts, Dolau, ym mynwent eglwys Llanerfyl yn 1888; englyn y clywir pytiau ohoni ar dafodau hyd heddiw:

Ysbeiliwyd eglwys Biwla – o allu'r
    gweddillion sydd yma,
er hyn deil yr 'enw da'
tra erys Nant yr Eira.

Flynyddoedd ynghynt, pan oedd oddeutu 26 oed, enillodd Derwenog gadair Eisteddfod Gadeiriol Utica, yr Unol Daleithiau, a gorfu ei thynnu'n ddarnau i'w chludo'n ôl yr holl ffordd i fferm Cwmderwen yng Nghwm Nant yr Eira, Llanerfyl. Yr oedd eisioes wedi ennill cadair yn eisteddfod Penbedw yn 1868, pan yn fachgen ifanc iawn. Ni chredai mewn cystadlu yng Nghymru mae raid!

Y mae sôn amdano'n cerdded ymhell ac agos i gymryd rhan mewn nosweithiau llawen â'i delyn fechan ar ei gefn. Yn hwyr yn ei oes, lluniodd y rhigwm isod er mwyn i rai o fechgyn yr ardal ei ganu neu ei lefaru wrth hel calenig yn y tai a'r ffermydd lleol:

Gwrandewch ar fy nhestun
pan ddechreuodd y flwyddyn
pan darodd hi ddeuddeg o'r gloch,
pob hwyl i chwi ddynion
a merched a meibion
a defaid a gwartheg a moch.
Fy neges arbennig yw mofyn calennig
wrth fyned o amgylch eich tai.
Ceiniog rwy'n derbyn
y mwya' cyffredin,
a cheiniog a dime gen rai.

Cymeriad lliwgar arall yn y cyfnod hwnnw oedd Richard Roberts, Wern Ddu, Adfa – neu Dic Robert fel yr adwaenir ef yn lleol. Bu farw'n ddigon tlawd yn 1933, ond pan ddaethpwyd ar draws y pennill canlynol ddegawdau yn ddiweddarach, aed ati i wireddu ei ddymuniad. A diolch i bobl dda'r Adfa, gosodwyd cofeb iddo ym mynwent y pentref yn 1999.

Carreg las heb fawr o draul
i nodi fy ngorweddfa,
ag arch gyffredin hoffwn gael,
a beddrod yn yr Adfa.

Gwelir yn yr englyn isod o'i eiddo fod diffygion ym myd addysg yn hen broblem!

Y mesur addysg diwethaf

Diolch am dranc un gwancus – ei ddelw
    fu'n ddolur alaethus;
  Ei gadw rhaid gyda'r us
  ai farw fydd ddifyrus.

Y mae ôl defnydd mawr ar gopi Dic Robert o *Yr Ysgol Farddol*, Dafydd Morgannwg, gyda llawer o'r tudalennau'n ddu gan olion bysedd! Yn ychwanegol i hyn, mae bron pob gofod yng nghorff y gyfrol wedi'i lenwi gan ddarnau o'i waith ei hun yn bennaf, a gwaith eraill hefyd. Llenwir un gofod gyda'r bennill unigryw hon i *Gythraul y Canu*:

Gorchest i gythraul wneud yn wynnach,
amhosibl i ninnau wneud cythraul yn dduach;
Cans cythraul fydd cythraul, does newid ar hwnnw,
a chythraul yw cythraul atebol i'w enw;
Os oes ymhlith y cythreuliaid rai graddau –
sef cythraul uwch cythraul, a chythraul uwch yntau –
Archgythraul pob cythraul, prif gythraul y fagddu,
a thad pob archgythraul yw cythraul y canu.

Englyn ddiddorol arall o'i eiddo oedd hwnnw a luniodd fel neges i ryw wraig a oedd yn gofalu amdano i nôl torth o fara iddo, ac yntau'n sâl yn ei wely!

Moes i'm dorth i'm porthi – un beraidd
    o'r Berriew heb lwydni,
  torth boeth er moeth i mi
  a chochwen hawdd ei ch**u!

Cymeriad lliwgar arall a oedd yn ei flodau tua'r un cyfnod â Dic Robert oedd y bardd gwlad Hugh Gruffydd Ellis, neu Huw Elis y Berth fel yr adwaenid ef yn lleol. Rhoddwyd iddo'r swydd un tro o feirniadu'r cynnyrch llenyddol yn eisteddfod capel Saron, Dolanog.

Un dasg boblogaidd a osododd oedd y linell goll. Yn y cyfnod hwnnw roedd cymeriad unigryw o'r enw Edward Jones yn gweithio fel postmon yn ardal Dolanog. Gosododd Huw Elis y bennill isod i'w chwblhau:

Mae y gair fod Mair Myfanwy
bron â mynd i fyd y fodrwy,
pwy enilla serch ei chalon?
****

Gan fod Mair Myfanwy yn berson o gig a gwaed ac yn trigo yn yr ardal, roedd cryn ymateb i'r dasg! Cyrhaeddai amlen ar ôl amlen i'r Berth am ddyddiau lawer, ac ni fyddai Edward Jones yn fodlon gadael y ffarm cyn cael clywed y llinellau coll diweddaraf. Mae rhai ohonynt wedi goroesi hyd heddiw:

Jac Plas Coch a'i fochau cochion.

Mab y Foel 'sbo'i dad yn fodlon.

Dafydd Savage, casglwr Saron!

Roedd Jones y postmon yn cael modd i fyw wrth glywed yr holl linellau enllibus, ac yn mynd rhyw fymryn yn hy ar y beirniad druan! Rhaid oedd dyfeisio rhyw ffordd i dorri crib y postmon hy! Un bore wrth agor un o'i amlenni – â'r postmon yn disgwyl yn eiddgar am gael clywed y llinellau diweddaraf – cymerodd Huw Elis arno ei fod yn darllen o'r llythyr o'i flaen, gan adrodd y bennill fel hyn:

Mae y gair fod Mair Myfanwy
bron a mynd i fyd y fodrwy,
pwy enilla serch ei chalon?
Jones sy'n cario'r bag llythyron!

Troes y postmon druan ar ei gwt yn go sydyn, a'i heglu oddi yno yn ddyn eitha pîg!

Un o berlau o eiddo Huw Elis oedd y gân a luniodd i ddafad Nantyrhelig, sy'n disgrifio taith y ddafad golledig drwy diroedd Dyffryn Banw.

Dafad Nantyrhelig

Ar eira mawr y dyddiau gynt
   aeth dafad fechan gyrnig
i lawr y dyffryn ar ei hynt

o fynydd 'Nantyrhelig',
a phan gyrhaeddodd 'Pontddolwyd'
feddyliodd yn ei chalon
y llwyddai ddod o hyd i fwyd
ar ddolydd 'Glanyrafon'.

Ond er ei siomiant, rhew ac iâ
oedd yno yn teyrnasu,
i ffwrdd â hi gan weiddi bâ
yn union rhag newynu,
ac esgyn wnaeth i lecyn iach
ar lanau'r 'Dwrch' ddolennog,
gan feddwl pori dipyn bach
ar ddeunant 'Pantrhedynog'.

Wrth droi ymysg y twyni mân
hi gollodd bwynt ei chartre,
aeth gyda defaid 'Nantybrain'
i ffriddoedd 'Bwlchypentre',
a chrwydro bu hyd llwybrau croes
ar hyd a lled y gwledydd.
Diau i hyn rhoi amal loes
i galon y bugeilydd.

Bu gyda William 'Alltcaedwr'
yn treulio rhan o'r gaenen,
a thalai ymweliadau'n siŵr
a Dafydd 'Pengriolen'.
Hi grwydrai weithiau ar i lawr
bryd arall ar i fyny,
gwn iddi dreulio llawer awr
ar ochor ffridd 'Gwynyndy'.

Nid gorchwyl hawdd i neb ei dal
tra byddai'n mynd a dyfod,
a dysgodd neidio dros y wal
i gaeau 'Lletypiod'.
Os gwelai 'Pero' rhedai'n ôl
yn gyfrwys heibio'r 'Ogo',
carlamu wnâi drwy bentre'r 'Foel'
i ddolydd 'Maesgarthbeibio'.

Pan drodd y gwynt i bwynt y de
   a'r gwanwyn ddechrau gwenu,
roedd pob arwyddion yn eu lle
   fod hon yn llawenychu.
Fe ddaeth y llanw wedi'r trai
   mor gall ddeallodd hithau,
a phob diwrnod pori wnâi
   yn gyfrwys yn 'r eginau.

Daeth pawb yn unfryd ymhob man
   ei bod hi'n gryn lladrones,
a gyrrwyd Lloyd o 'Dynyllan'
   pob cam i ddweud yr hanes.
A'r bugail aeth i lawr yn llon
   a haid o gŵn i'w mofyn,
ond buan iawn hi weithiodd John
   tu ôl i 'Lletyderyn'.

Yn drwch o dom yn llom o wlân
   hi groesodd rhosydd 'Llwydcoed'
ac aeth i wenith 'Nantybrân'
   wrth dalcen tŷ yr 'Argoed'.
Bu'n mynd i borthi beth o'i chwant
   i gaeau 'Brynygwaeddan',
a rhodio wnâi yng nghwmni'r nant
   am dro i goed y 'Belan'.

Er llwyddo a dianc llawer gwaith
   i'r rhwyd y daeth medd rhywun,
fe'i daliwyd ym mhen amser maith
   ar waelod dolydd 'Llyssun'.
Os coeliwch fi nid math o ffug
   yw cynnwys hyn o ganig,
mae heddiw yn pori yn y grug
   ar fynydd 'Nantyrhelig'.

Mae hwn yn ddarlun digon siŵr
   o aml fab afradlon
fu'n torri bylchau yn y mur
   sy'n amgylchynu Seion.

Er mynd ymhell o sŵn y gân
  i'r anial unig llydan,
dwed Iôr ar goedd fod gwleddoedd glân
  ag arlwyd lond y gorlan.

Mae rhyw swyn arbennig yn yr hen enwau sydd ar ffermydd y sir, a
dyna mae'n siŵr yr ysgogodd Edward Jones, Tyncae, Maengwynedd
i lunio'r gân isod oddeutu 1929/30:

Enwau ffermdai Maengwynedd ar gân

Mae'n gwestiwn ble i ddechrau
ar y gynghanedd hon,
'Pengraig' yw'r isaf welaf
ac yna 'Tyn-y-fron',
Gadawn yr hen 'Rhwng Creigiau'
sydd bron â mynd i lawr,
'Tan-ffridd' yw'r nesaf eto,
rwy'n dechrau'i gweld yn awr.

'Pwllpridd', 'Tŷ isa' hefyd
'Wernbant' a 'Ty'n y Cae',
i fyny 'ngodre'r mynydd
'Bryngwyn' a 'Rhyd-y-gau'.
Cymera'r llwybr eto
ar draws y mynydd hwn
ac yna mi gaf weled
hen 'deilad 'Blaen y Cwm'.

'Buarthyre' sydd wedyn,
'Glan'rafon' 'n is i lawr,
Wel, dyma dair o ffermydd
lle treuliais lawer awr,
'Ty'n Fedwen' gwelaf yntau
rhaid imi fynd ymlaen,
'Plascriafol' sydd yn ymyl
yn sydyn dacw'r 'Waen'.

'Tynffridd' y 'Maes', 'Hafodty'
rwy'n dechrau blino'n awr,
a'r hen 'Tŷ-nant' ysywaeth
sydd wedi mynd i lawr,

rwy'n myned adre bellach
mae'n dechrau mynd yn nos,
rhaid i mi fyned hefyd
heibio i 'Ty'n y Rhos'.

A dacw 'Cefn y Rhodfa'
a'r 'Plas' fu'n enwog gynt,
a dyna'r oll a welais
o ffermdai ar fy hynt,
er garwed yw Maengwynedd
a'r ffyrdd caregog cul,
mae yno ddau addoldy
i ymgynnull ar y Sul.

Daw ambell stori i godi gwên o ben arall y sir, o ardaloedd Llanbryn-
mair a Machynlleth. Siôn Myrddin Lewis o Lanbryn-mair sydd pia'r
dweud:

Yn ôl yn nauddegau'r ugeinfed ganrif, sylweddolodd gwŷr busnes
yn nhref Machynlleth bod mwy o bobl yn dod i dreulio eu gwyliau
yn y dref, ac fel y cynyddai'r ymwelwyr, bod eu helw hwy yn
cynyddu hefyd. Galwyd am gyfarfod arbennig gan Gyngor Tref
Machynlleth i drafod beth y gellid ei wneud yn y dref i'w wneud
yn fwy deniadol i ymwelwyr.

Roedd un cynghorydd yn selog iawn; fe'i galwn yn Vaughan.
Cynigiwyd a phasiwyd yn unfrydol eu bod yn gwneud llwybr
cryno i fyny at y llyn sydd ar gwr y dre fel y byddai'r ymwelwyr
yn medru mynd yno am dro. Cynigiodd un cynghorydd eu bod yn
prynu cwrwgl i'w roi ar y llyn, credai y byddai hynny'n rhywbeth
deniadol. Neidiodd Vaughan ar ei draed, ac meddai: 'Dwi'n cynnig
gwelliant. Dwi'n cynnig bod Cyngor y Dre yn prynu dau ohonyn
nhw er mwyn iddyn nhw gael bridio.'

* * *

Roedd hi'n adeg cynhyrfus ym Maldwyn fel ym mhobman arall yng
Ngymru a thu hwnt yn 1940. Dyma'r adeg y ffurfiwyd y Gwarchodlu
Cartref *(Home Guard)*. Disgwylid i bob bachgen rhwng 16 a 100 oed
ymuno os y gallent gerdded. Nid oedd gan y wladwriaeth arfau i'w
rhoi iddynt – roedd y rheiny wedi'u gadael yn Ffrainc. Sefyllfa

ddoniol oedd gweld bechgyn lleol yn cerdded neu fartsio hyd ein pentrefi; rhai yn cario gynnau twelf bôr, eraill â phicwyrch, ac yn wir, ambell un â choes brws. Roedd dau neu dri ohonynt ar ben y mynyddoedd 'ma bob nos yn cadw Gwyliadwraeth Nos rhag ofn i filwyr Almaenig ddisgyn o'r awyr gyda chymorth parasiwt.

Cyfarfu Gwarchodlu Cartref Penffordd-las yn ôl eu harfer un noson. Y rhingyll oedd David Lloyd y Gronwen. Mae fferm y Gronwen erbyn hyn o dan Lyn Clywedog. Fe rannodd Dei Lloyd y fintai yn ddwy garfan – un garfan i wylio ar ben un mynydd, a'r llall ar fynydd arall rhyw filltir a hanner neu ddwy ymhellach draw. Roedd yn rhaid cael cwpl o ddynion i groesi caeau a rhosydd ôl a gwrthol i gario negeseuon o un garfan i'r llall. Gelwid y dynion a wnâi'r gwaith hyn yn *runners*. Wrth gwrs, ni allai Dei orfodi neb i wneud y gwaith oblegid gwirfoddolwyr oeddynt i gyd. Trodd Dei at Bill Davies, Bwlch y Gle a gofyn: 'Gwranda, Bil, fyset ti'n fodlon bod yn *runner* am heno?'

'Gwnaf am heno, Dei' ebe Bil, 'er dwi'n teimlo fod yna fechgyn ifancach na fi sy'n fwy abal i neud y gwaith.'

'Diolch iti, Bil, fedra' i ddim perswadio'r un ohonyn nhw i neud y gwaith.'

Ac ebe Bil: 'Mi ddedaf hyn wrthot ti, Dei. Pe bai pump neu chwech o Germans yn disgyn o'r awyr yma heno, mi fydd y blydi lot yn *runners*.'

Yn yr un cyfnod, adeg yr Ail Ryfel Byd, byddai bechgyn Llanerfyl yn canu'r rhigwm isod am fysys Defi John Arthur:

Mae llawer math o fysys
yn myned trwy y fro,
mae rhai yn mynd ar betrol
a'r lleill ar T.V.O.
Mae gan y sadler fysys
yn mynd ar baraffîn,
a rhaid cael bechgyn cryfion
a'i wthio yn ei dîn.
Mae'n well cael Bili Arnold
i moyn y bali scrap,
mae'n well gan bobl hastus
gael poni bach a thrap!

Yng nghanol y 1950au, bu sôn mawr am foddi cwm Dolanog er mwyn disychedu eto fyth rhai o drigolion Lloegr. John Ellis Lewis, Moeldrehaearn, Dolanog, pia'r hiwmor a'r dychan:

Boddi Dolanog

Boddi ardal dlws Dolanog
ydyw testun hyn o gân,
er bod pawb yn dra diolchgar
na ddaeth hynny ddim ymlaen;
Clywsom ddweud gan y gweinidog
yn y capel dro yn ôl,
byddai'r pentref eto'n aros
'mhen blynyddoedd ar ein hôl.

Ond fe glywyd llawer stori
ddigon gwamal ar ein taith,
pawb o'r ardal yn pendroni
a oedd gobaith caen nhw waith;
Yr oedd rhai yn gorbryderu
ac yn poeni yn ddi-ball,
tra roedd eraill â'u holl egni'n
moen am job oddi ar y llall.

Clywais ddweud fod gŵr y Vicarage,
a'r hen Blenydd, ddigon siŵr,
wedi mynd am dro i Lerpwl,
moen am job i wylio'r tŵr;
Ond trwy rhyw anhegwch rhyfedd
roedd y ddau *too tall in size*,
pwy debycech chwi a'i cafodd?
William Vaughan a Llewelyn Price.

Stori dda a glywais hefyd
am fy nghyfaill, Dei Pen-bryn,
wedi cael rhyw chwilen ryfedd –
ofon brostie wal y llyn;
Penderfynodd hel ei becyn,
i Glynceiriog aeth am dro,
ac mae safle'i gartre' newydd
nes i'r awyr, medde fo.

Idris Glyn a Dei Tŷ Isa,
dau amaethwr llednais llon,
wedi penderfynu codi
café mawr ar dop y Fron;
Troi'r hen allt i godi tatws,
a dal pysgod yn y llyn,
trwy na chaen nhw ddim bywoliaeth
yn Nhŷ Isa nac yn Glyn.

Planiodd Evans Buarthbachog
opposition iddyn nhw,
*'and to get the business going
now at once I must have two'*,
Edward Griffiths a Bronffynnon
oedd y dewisiedig ddau,
un i dendio ar y *gentry*,
llall i sgrwbio a glanhau.

Clywais ddweud fod Meic a Morgan
yn gweld lle i *coming in*,
prynu *boat* a mynd â'r *gentry*
am ddeg munud ar y llyn,
tra roedd Norman Pen'sarcyffin
yn cael pylie mawr o chwys,
gweld y *ring* yn mynd yn gostus
rownd Pontllogel i Benllys.

Gwylltiodd Owens Penycreigiau
rhyw ddiwrnod glywais i,
Gweled Ynyr wedi dringo
i ben erial y T.V.,
yno roedd ag ei holl egni
yn syrfeio'i ore glas,
chwilio'r oedd pwy fyddai'r tyfna,
pu'n ai fo, neu Morgans Plas.

Roedd y busnes wedi rhedeg
braidd ar feddwl Jones Pen-bryn,
cafodd freuddwyd tost un noson,
bildio roeddynt wal y llyn;
Gwelodd Harding a Dei Savage,

gŵr y Wîg a Bert a Mal,
yn dod heibio gelli Felin
am y cyntaf at y wal.

Canfu hefyd Jones y Felin
a Tŷ Ucha'n gwenu'n llon,
gweld hen garreg pentis refel
ar ysgwyddau William John,
gweiddi wnaeth yn flin o'i freuddwyd
'Pwy les gweithio ar y *dam,*
tra mae Job a Harry Owen
wrthi'n mynnu tyllu'n gam?'

Wel, gyfeillion rhaid terfynu,
mae y gân yn mynd yn hir,
a diolchwn unwaith eto
na ddaeth dŵr i guddio'n tir;
Ond os clyw *contractors* Lloegr
am y gweithwyr parod sy'
yn preswylio gylch y pentre,
fydd y bai ddim arna' i.

Flynyddoedd yn ddiweddarach, adeg cynhaeaf gwair 1971, ceisiodd
John Ellis Lewis, Moeldrehaearn, lawer ffordd o gael gafael ar William
John Roberts, Tŷ Mawr, Dolanog, i ddod i'w helpu i gario gwair. Yn y
diwedd, gorfu iddo hoelio'r penillion isod o'i eiddo ar bostyn llidiart
Tŷ Mawr! (Ceir cyfeiriad at 'Cott' yn y bennill olaf. Hwn oedd Mr
Cotterill, tafarnwr y *Tanws* – neu *Tanhouse* – nepell o fferm Mathrafal:)

Colli'r haul a gweld y glaw
yn nesáu rwyf, oddi draw,
teimlo rwyf yn od o wan
ddiwedd c'neua sefnti wan.

Yn Nhŷ Mawr yn byw ei hun
y mae William, cawr o ddyn,
os ewch yno ar eich rhawd
job go lew cael sgwrs â'r brawd.

Ond am William nid oedd sôn
a chae neb y crab ar ffôn,

In which part of dear Wales
will you find him carrying bales?

Os ceir noson gyda thi,
glirien gaeau ddau neu dri.
Tyrd i'r Foel i gael dy de,
dyna fyddai'r gore'n te.

Tyrd da fachgen, tyrd ar frys,
gad 'ni weld pwy liw 'di'th chwys,
a chawn efed iechyd da
efo Cott cyn diwedd 'rha'.

Roedd cryn dynnu coes ar ffurf englynion hefyd. Gorfu i D. Pierce
Roberts fodloni ar rannu'r wobr ar yr englyn yn Eisteddfod y Foel un
flwyddyn. Rob Morgan o Lanfair Caereinion oedd y tynnwr coes y tro
hwn!

A'i hanner a gest ohoni – Roberts
    ar ôl rhwbio wrthi?
  Wir ddyn y mae barddoni
  i ddwl yn waith 'ddyliwn i.

Rhai yng nghur fesur fysedd – a cherdded
    a chorddi eu perfedd;
  Ac anghenion cynghanedd
  yn fraw a gaf ar eu gwedd.

Dylet hwylio dy delyn – i ganu
    i deg wyneb Gwanwyn;
  Ac haf a'i branc ifanc gwyn
  a chrinddail a chur henddyn.

Cei nodau cân o udo ci – tynn gord
    o hen gath yn rhegi;
  O liw haul ar ael heli
  a chwarae llon clychau'r lli.

Mae'n sobr, rhannu'r wobr, mor wan – ydi'n wir
    daw'n warth ar Langadfan;
  Ac am fath fref dioddef dan
  ryw bum ergyd – Rob Morgan.

Eisteddfod y Foel hefyd a ysgogodd y gân hyfryd isod o waith
Medwyn Jones, a oedd yn fuddugol yn 1979.

Dyffryn Banw

Llanerfyl, Foel, Llangadfan,
lle câr yr awel loetran
i gribo'n lanweth wallt y coed
sy'n cadw oed a'r sguthan.

I hengwm Nantyreira
gan ddwyn i'w ganlyn hindda
y daw ar grwydr grëyr glas
i'w nentydd bas i 'sgota.

Petalau blodau'r Sychtyn
sy'n siglo i sŵn y gwenyn;
Tra'r gwynt yn chwarae ffiwgiau Ffawst
yn Awst ar Faesllymystyn.

Ped elet yno i wrando
a'r hwyrddydd yn pardduo,
Ni chlywet ddim ond sgwrsio'r coed
yn Nantydugoed heno.

Nid oes ar ffridd Cwmderwen
ond grugieir a cherddinen.
Ac ambell ddafad yno gawn
yn pori'r cawn a'r frwynen.

Pan ddaw yr awr im gefnu
ar fyw, a throi o'r neilltu
mi garwn bwt o lannerch blaen
ger Dôl-y-maen i gysgu.

Pedair mlynedd yn ddiweddarach, yn 1983, daeth yr ymdrech isod yn
fuddugol yng nghystadleuaeth y limrig:

Roedd dau mewn trowsusau yn priodi
a'u gwalltiau yn flêr ac yn ddigri.
    Medd person y Llan
    a'i goesau yn wan
'Witsh wan dw iw sei is ddy ledi?'

Mae llunio penillion am droeon trwstan yn hen arfer ymhlith y prydyddion, ac mae'r papurau bro yn gyfrwng ardderchog i'w rhoi o flaen cynulleidfa. Glyn Evans o Lanfyllin pia'r penillion isod a ymddangosodd yn *Yr Ysgub*, am helyntion y mochyn:

Ysgol Yrru Llanfihangel

Mae Emyr Davies, Gwynfa,
I roi ei enw llawn
Yn arfer gwerthu tatws
Os cofiaf fi yn iawn.

I ffwrdd yr aeth un bore,
(Pob peth yn ôl y plan),
I fynd â hwch i 'Soswallt
I Ned Penisa'r Llan.

'Ond beth am godi pared
I gadw'r ledi draw?'
Medd ewyrth Ned wrth Emyr,
Tra'n sefyll yn y glaw.

'Duwcs, does dim eisio poeni'
Medd Em a'r plant yn glir,
'Mi fyddwn ni yn Soswallt
Yn brydlon cyn bo hir.'

A ffwrdd drwy dre Llanfyllin
Y pedwar aeth yn llon,
'Mae hon yn hwch ardderchog,
Cawn bris go lew am hon.'

Ond ar ôl pasio'r Bryngwyn,
Ac Emyr wrth y llyw,
Bu'r hwch yn trio gyrru
Heb help gan neb, wir Dduw!

A dyma'r ledi allan
Reit gwic drwy sgrîn y gwynt –
Yr oedd yr hwch yn credu
Y cerddai yno'n gynt.

Bu'r teulu bach yn rhedeg
Yr hwch i fferm Glan Pwll,
A druan o'r hen Emyr
Mewn tipyn bach o dwll.

A dyma lwytho'r ledi
Yr eilwaith yn ei hôl
A dychwel tua'r bryniau
Heb adael neb ar ôl.

Fe aiff yr hwch yn dalog
I'r Trallwm ryw ddydd Llun;
Ond ni fydd eisiau dreifar –
Mi yrrith yno'i hun!

Y mae 'na sôn fod Glyn Evans wedi bod yn cyfansoddi ar gyfer papur bro *Plu'r Gweunydd* hefyd. Pwy a ŵyr, efallai mai yntau oedd Llew y Llwynog, a oedd yn gyfrifol am lunio'r penillion isod!

Helyntion yr heliwr

Yr oedd hi'n ddiwrnod hela
a phawb yn mynd ar frys,
John Defi oedd fel arfer
yn torchi llewys crys!

Roedd pawb yn mynd i'r Pencoed
am lwynog bach neu ddau,
a'r ffarmwrs yn gobeithio
y cawsent hyd i ffau.

John Defi oedd mewn helbul,
ni fedrai danio'i fan,
aeth yno ar y tractor
a chyrraedd yn y man.

Ond druan o John Defi,
siomedig iawn oedd hwn,
mi sylwodd ar ôl cyrraedd
nad oedd 'di cofio'i wn!

Nid digon yw un helynt
John Defi sydd heb ball,
a dyma stori arall
sy'n swnio'n hanner call!

Fe gafwyd hyd i lwynog
rhwng Bryncyrch a Thy'n-rhos,
ac aethpwyd ati'i dyllu
i gael y coch cyn nos.

Yr heddlu a ddaeth heibio
'rôl galwad brys o'r fro
fod rhywun ar ôl badjars,
a'r ffarmwrs aeth o'u co.

Diweddglo digon hapus
a gafwyd y tro hwn,
y cadno dyllwyd allan
a Rhandir oedd â'i wn!

Llew y Llwynog [Plu'r Gweunydd, 1987]

Yn y *Plu'r Gweunydd* yr ymddangosodd y gân isod hefyd. Y mae hen reol yn y Blygien na chaiff unrhyw gân ei chanu fwy nag unwaith yn ystod y noson. Bydd rhai yn 'dwyn' carol o ran hwyl, a'i chanu'n gynnar yn y cyfarfod, er mwyn lleihau *repertoire* eraill!

Anffawd Plygain y Llan
(*i'w chanu ar y dôn* **Robin yn swil**)

Un nos Sul yn Ionawr rhodd Elwyn ei fri
ar fynd i Lanerfyl i gael tipyn o sbri,
i ganu mewn Plygien yn eglwys y plwy
i dalu y ddyled yn ôl iddynt hwy.

Cael practis cyn cychwyn o'r Trallwm i'r Llan
am fod y cantorion yn brin ac yn wan,
aeth dros y carolau i glywed os oedd
y lleisiau yn asio a'r cytgord o'i fodd.

Rôl cyrraedd i fyny mewn awydd go iawn
awd mewn i'r hen eglwys oedd eisioes yn llawn.
Ac agor y blygien yn ebrwydd a wnaed
a'r plygeinwyr yn eiddgar i ddod ar eu traed.

Daeth parti yn gyntaf o'r eglwys ei hun,
ac yna daeth Cradog a Morus i'r llun
gan ganu eu carol – ar Trallwm daeth bleit
ac Elwyn yn sibrwd, 'Hy! dyna chi sbeit'.

Daeth parti Llanfechain i ganu yn awr,
ac Elwyn pan glywodd a siomwyd yn fawr
am fod eu hail garol yn awr wedi'i dwyn,
a'i barti yn edrych yn bopeth ond mwyn!

Yn ystod yr egwyl medd Canon y Llan
'Mae eto bartïon heb gymryd eu rhan,'
ac Elwyn a'i barti yn teimlo'n reit sôr
nad oedd ganddynt garol ar ôl yn eu stôr.

Yn ystod y swper i ddilyn y siom
caed gair bach o gyngor i Elwyn gan Tom,
'Bydd rhaid ichi ddysgu cryn dipyn yn fwy
cyn dod i Lanerfyl i eglwys y plwy.'

Y Bardd Cocos [Plu'r Gweunydd, 1986]

Mewn cywair hollol wahanol y mae'r gân isod o eiddo Maurice W. Evans. Mae Capel y Briw nepell o bentref Llangedwyn, ger Llanrhaeadr-ym-Mochnant:

Plygain y Briw

O ddyfnder fy nghadair, yn esmwyth a braf
ces wrando'r carolau o eglwys Llandaf,
gorchestol yr organ, a chelfydd y gân,
y côr oedd a'u gwisgoedd yn lliwgar a glân.
Er hynny, ni welwn na phreseb nag ych,
na'r baban, na Mair mewn amgylchedd mor wych.

Ond neithiwr eisteddwn yn nyfnder y nos
mewn capel diaddurn yng nghesail y rhos,
a'r lleisiau gwerinol atseinient i'r nef
hen gân yr angylion uwch Bethlehem dref;
A gwelais y preseb, a'r baban bach gwiw,
a Mair a'r bugeiliaid ym mhlygain y Briw.

Parhau y mae'r hen hen draddodiad o lunio penillion, caneuon a rhigymau i ymateb i rhyw ddigwyddiad neu'i gilydd. Lluniodd Ifan Bryn Du y penillion isod ar achlysur priodas Arwel Jones y Lawnt, Llanerfyl, a Gail o Garno:

Priodas Lawnt a Gail – Mai 25ain, 2002

Mae llawer fferm o'r ardal yn magu stoc o fri,
ac mae 'na rai'n rhagori ar hynny coeliwch fi.
Fe'i gwelwch yn y sioeau, fe'i gwelwch yn y sêls,
yn martsio efo'u rubans, a sythu wrth y rêls.

Ond fry ar ochr Tanglws, fe fagwyd hwrdd â steil,
fe fagwyd hwn o frîd go brin, na welwch yn y weil!
Yr oedd ei gnu yn glos a thynn, a chyrliog oedd i'r blaen,
a glamp o draed tu blaen ac ôl, ac ar ei gefen raen.

Ond mae 'na wastad drafferth neu wybed yn y cawl,
a'r bai ar hwn doedd 'run dyn byw a allai ddal y diawl.
Fe redai efo'r defaid trwy'r flwyddyn gron yn ffri,
a'i gael o fewn i'r gorlan, ni allai dyn na ci.

Fe'i cafwyd yn go agos i'r llidiart ambell waith,
ond troiai rownd a ffwrdd a fo i gario 'mlaen â'i daith.

Mi oedd un peth a hoffai'n fwy na mynd i Cae'n y Ffos,
a hwn oedd rhedeg trwy Cwm Nant, i Garno wedi nos.
Peth arall oedd yr hoffai wneud, oedd sefyll ar fig bêl,
a dyna ffordd y gwelodd o yr hesben féch, sef Gail.

Mae'n edrych braidd yn dywyll ar mêti erbyn hyn,
fe'i cafwyd mewn i'r gorlan, a'r giét 'di ffasno'n dynn.

'Di'r gorlan ddim cyn waethed â hynny coelia fi,
Mae'n hen bryd iti ddod i mewn, i bori atom ni.
Edrychwn 'mlaen yn eiddgar, i ddod i Lawnt i de,
a gweld ŵyn béch yn rhedeg a phrancio hyd y lle!!

Prin grafu'r wyneb a wnaeth y bennod hon ar y cyfrolau o gyfoeth a
fu'n egino drwy'r cenedlaethau ym mhriddoedd llafar gwlad
Maldwyn. Egin mewn dyrnaid o bridd allan o aceri lawer. Ac er yr
holl aceri sydd yn dwf o gynnyrch, mae'r tir wedi'i fraenaru ar gyfer
llawer mwy o dyfiant, sydd eto i ddod.

Taflu Coits

Alwyn Hughes

Un o hen gemau traddodiadol Sir Drefaldwyn yw taflu Coits. Mae Mr Maldwyn Evans, Belan yr Argae, Llanllugan yn hyddysg iawn yn y maes a chefais lawer o wybodaeth a chymorth ganddo wrth baratoi'r erthygl hon.

Mae'n ddigon posib y daw'r gair 'Coits' o hen air 'Kit', sy'n golygu taflu neu luchio. Mae cysylltiad rhwng taflu coits a thaflu'r *discus* fel y cyfeirid ato yn Iliad Homer sy'n sôn am Gemau Olympaidd a fu yng Ngroeg 1,500 CC. Roedd y *discus* fel siâp soser, tra datblygodd coits fel cylch o haearn gyda thwll yn y canol (yn debyg i *Polo Mint!*). Ceir cyfeiriad at goits mewn llyfr yn 1598, a bu chwarae ar y gêm mewn rhannau o Sir Drefaldwyn hyd at yn gymharol ddiweddar. Yn anffodus mae'r arfer bron â darfod erbyn hyn.

Roedd rheolau i'w cael fel ym mhob gêm arall. Caniatawyd i'r coits fod o unrhyw bwysau ac roedd parau rhwng tri phwys a thua ugain pwys, ond fel arfer roedd pâr yn pwyso rhwng pump ac wyth bwys. Nid oedd y diamedr i fod yn fwy nag wyth modfedd a hanner. Gwnâi'r gof hwy weithiau ac roedd cwmni Wynn Timmins & Co. Birmingham yn eu cynhyrchu yn ogystal. Pan darwyd coits da yn erbyn ei gilydd, canent fel clychau.

Chwaraeai dau berson yn erbyn ei gilydd ac roedd i bob person bâr o goits yr un (roedd y coitwyr yn chwarae fel parau yn ogystal). Y bwriad oedd taflu'r coits dros bellter o ddeunaw llath er mwyn iddo lanio mewn gwely o glai pedair troedfedd sgwâr, gyda'r cefn yn uwch na'r blaen, a pheg haearn yn ei ganol. Rhoddwyd pwyntiau i'r coits oedd agosaf i'r peg haearn. Roedd darn o bapur a elwid yn 'olau' rhyw ddwy neu dair modfedd uwchben y peg er mwyn i'r coitwyr fedru gweld ble i anelu. Defnyddiwyd cwmpawd arbennig i fesur o ganol y peg haearn at ymyl y goits agosaf. Roedd dau wely yn wynebu'i gilydd gyda deunaw llath rhyngddynt, a darn o bren yn nodi ble dylai'r coitwyr sefyll. Taflent y coits i un gwely, yna troi a thaflu'n ôl i'r gwely arall. Fel arfer mewn gemau i unigolion, y cyntaf i gael pymtheg pwynt oedd yn ennill, ac un pwynt ar hugain oedd y nôd mewn gemau i barau.

Yn ôl Maldwyn Evans ar un adeg roedd yn arferiad gwneud cylch yn y clai o fewn y gwely gyda erfyn a adwaenid fel 'dog' (darn o haearn â phig ar bob pen a ddefnyddid fel cwmpawd i lunio cylch o ganol y peg haearn).

Mae'n debyg fod coits yn boblogaidd mewn rhannau o Sir Drefaldwyn cyn yr Ail Ryfel Byd. Cofia Maldwyn fynd i fabolgampau Dolfor yn 1965 a Sarn yn 1966, a chafodd drafferth i ddod o hyd i bâr o goits iddo chwarae â hwy. Byddai ef a'i frodyr yn arfer taflu pedolau ceffyl at bolyn pan oeddent yn blant.

Bu ganddo ddiddordeb mawr yn y gêm a chwaraeodd am ychydig i dîm Tregynon yng Nghynghrair Coits Sir Drefaldwyn. Sefydlwyd Clwb Coits y Felin Newydd *(New Mills)* ar 11 Ebrill, 1972 gyda Maldwyn yn Gadeirydd. Dyma restr o'r timau eraill oedd yn y gynghrair yn y flwyddyn honno: Drenewydd, Betws Cedewain, Tregynon, Caersws, Sarn, Ceri, Carno, Bwlch y Ffridd, Abermiwl (cyn symud i Landysul yn fuan wedyn).

Roedd wyth chwaraewr i'w gael ym mhob tîm a byddai'r tymor yn ymestyn o tua mis Mai hyd ddiwedd yr haf. Chwaraeid y gemau fin nos. Roedd gan bob clwb gae gyda'r gwelyau pedair troedfedd sgwâr yn eu lle drwy'r haf.

Chwaraewyd coits gryn dipyn mewn mabolgampau hefyd ar ffurf 'taro allan' gan adael enillydd ac eilydd ar ddiwedd y gystadleuaeth. Weithiau defnyddid hen deiar ôl tractor wedi ei lifio yn ei hanner ac wedi'i llenwi â chlai fel gwely.

Bu cystadleuaeth ryngwladol yng Nghaersws yn 1972 gyda choitwyr o Sir Drefaldwyn, Ceredigion a'r Alban yn cystadlu. Cofia Maldwyn fod gan yr Albanwyr goits trymion iawn a rhedent gyda hwy cyn eu taflu – a hynny ar ôl mynd dros y darn pren ble dylid taflu'r goits! Bu Maldwyn ynghlwm â chystadleuaeth goits yn Sioe Gŵn Cefn Coch am flynyddoedd.

Roedd Clwb Coits y Felin Newydd yn aelodau o Gynghrair Coits Sir Drefaldwyn am yn agos i ugain mlynedd, ond aeth nifer yr aelodau yn rhy isel iddynt fedru hel tîm yn y diwedd. Cynhaliwyd y cyfarfod blynyddol diwethaf yn Llanwyddelan ar 11 Mawrth, 1991, a phasiwyd i ymaelodi â'r gynghrair am y tymor hwnnw.

Bellach, ychydig iawn o goits sy'n cael eu taflu yn Sir Drefaldwyn. Cynhelir cystadleuaeth yn Llandysul ym mis Gorffennaf bob blwyddyn. Mae'n drist meddwl fod y gêm draddodiadol hon bron â marw o'r tir, ond mae'n rhaid symud gyda'r oes mae'n debyg.

Hoffwn ddiolch o galon i Maldwyn am ei gymorth, am gael benthyg dogfennau ac am groeso ar yr aelwyd. Braf yw medru cofnodi hanes coits gyda chymorth un o hoelion wyth y gamp. Does ond gobeithio fy mod wedi llwyddo i gael fy ffeithiau'n gywir; os nad wyf, ymbiliaf am faddeuant!

(o Plu'r Gweunydd, *Gorffennaf 2002*)

Gofaint

Alwyn Hughes

Ymhlith holl grefftwyr y byd gorllewin, diau gennyf y dylid rhoi'r lle amlycaf i'r gof. Ychydig ohonom efallai a sylweddolodd ran mor bwysig a gymerth haearn yn hanes datblygiad dyn.

Dyfynnwyd y geiriau uchod allan o'r llyfr *Y Crefftwr yng Nghymru* gan Iorwerth C. Peate. Bu'r gofaint yn bobl bwysig iawn yng nghefn gwlad ers cenedlaethau ond mae'r mwyafrif ohonynt wedi diflannu bellach, gan adael yr efail a fu unwaith yn gyrchfan bwysig i'r gymdeithas wledig, yn fud a gwag.

Dyma ddigwyddodd yn Efail y Wig, Pontrobert. Mae llawer o hanes yn perthyn i'r fan honno sydd bellach yn gartref i Mrs Gwennie Evans, merch y gof olaf a fu yno. Rwyf yn hynod o ddiolchgar iddi hithau am ei chymorth parod a'i charedigrwydd yn rhoi benthyg deunydd imi.

Gelwid Efail y Wig (neu Efail Newydd yn y 1940au ar rai dogfennau) yn Efail Daniel ar lafar gan lawer. Cyfeirir yma at Daniel Thomas, y gof cyntaf a gafodd ei eni yn ardal Cyfronydd yn 1842 cyn symud i Efail y Wig fel gof yn 1862. Roedd yn briod â Mary a ganwyd wyth o blant iddynt cyn i'w wraig farw yn 37 oed. Bu farw Daniel Thomas yn hen ŵr yn 1930.

Roedd Pryce Thomas (a anwyd yn 1873) yn of gyda'i dad yn yr efail, a phriododd â Ruth Roberts, merch Penbelan, Llanfair Caereinion. Cafodd y cwpwl yma wyth o blant hefyd, a'r hynaf ohonynt oedd William Thomas a anwyd yn 1898 (tad Mrs Gwennie Evans).

Priododd William Thomas â Sally Jones a ddeuai'n wreiddiol o Ddyffryn Banwy cyn iddi dreulio llawer blwyddyn yn gweini yn Llundain. Yn dilyn y briodas yn 1923, symudodd y ddau i Clay Cross,

Derbyshire ble roedd Mr Thomas yn of i deulu'r Jackson (Stâd Dolanog). Pedolai'r gof lawer iawn o ferlod i lawr yng nghrombil y pyllau glo. Yn y cyfnod hwn ganwyd Mrs Gwennie Evans a'i brawd Mr Gwilym Thomas.

Dychwelodd y teulu'n ôl i Gymru yn 1939 a bu William Thomas yn of yn Pontrobert cyn iddo ddychwelyd i Efail y Wig i gynorthwyo'i dad yn 1942. Bu farw Mrs Sally Thomas yn 1977 a bu farw William Thomas o fewn mis i fod yn 87 oed yn 1985.

Cafodd William Thomas lawdriniaeth yn 1951 a rhoddodd y gorau i bedoli ceffylau yr adeg honno er iddo barhau gyda gwaith haearn am flynyddoedd wedyn. Mae'r bedol olaf a wnaeth William Thomas bellach yn eiddo i Maurice Evans, Tynrhos Uchaf ac fe gaiff le anrhydeddus ar y silff ben tân yno. Bu farw'r ceffyl hwnnw yn fuan wedyn o ganlyniad i gwlwm perfedd.

Nid pedoli ceffylau yn unig oedd gwaith gof wrth gwrs. Gwelir isod ddetholiad o gofnodion Mr William Thomas o'i waith yn 1940, ynghyd â phrisiau:

Bob, Llety	4 *new shoes* 10/-
Jones Coedcowrhyd	1 *shoe removed* 1/3
	new pin for horserake 9d
T.J. Morris	2 *new files* 3/6
Jones, Glanhafes	*new scythe* 10/6
Evans, Penffordd	*new axle in barrow wheel* 2/6
Griffiths, Penbryn	*new handle in saucepan* 1/6
Jervis	*solder can* 4d
	fasten tab on bucket 3d
	new churn hoop 1/6
Davies Rhos Fawr	*repair bull chain* 1/3
Wood Garth Fach	1½ *pints of linseed oil* 1/6

Roedd y gof hefyd yn gofalu am drwsio pob math o offer a dynnid gan geffylau gwedd yn ogystal â'r offer llaw llai.

Prynwyd y rhan fwyaf o'r deunydd crai gan W.H. Lacon & Co., Croesoswallt. Diddorol hefyd yw'r bil a ddaeth o hen felin goed Dolanog o bum swllt am gafn derw i fwydo moch. Prynwyd y glo mân (neu'r *breezes*) i boethi'r haearn gan W.D. Peate & Sons, Llanfair ac fe gafodd ei gludo i'r Efail mewn lori.

Nid oedd y gofaint yn weldio yn y dyddiau hynny; poethid dau ddarn o haearn nes iddynt fod yn lliw arbennig ac yna fe'u pwnid gyda'i gilydd i'w hasio. Roedd lliw y metel poeth yn bwysig iawn i'r gof er mwyn iddo drin yr haearn yn effeithiol. Byddai'n rhaid chwythu'r tân â'r fegin fawr gyda llaw i gael gwres. Un o orchwylion pwysicaf y gof gwlad yn y gorffennol oedd cylchu olwynion ar ran seiri olwynion lleol. Trigai un o'r crefftwyr hyn yng Nghae Eithin, Dolanog sydd heb fod ymhell o Efail y Wig, sef y diweddar Mr John Davies, tad y diweddar Mr Job Davies a thaid Mr Gareth Davies, Wern y Wig. Roedd yn grefft arbennig i wneud olwyn gyda'r both yn y canol o goed llwyfen *(elm)*, y breichiau o dderw, a'r camogau o onnen. Roedd Mr Davies yn feistr ar ei grefft yn ôl Mr Maurice Evans, Tynrhos. Dyma a ddywed Geraint Jenkins yn ei lyfr *Crefftwyr Gwlad* am gylchu olwynion yn yr efail:

Cynnid y tân y tu allan i'r efail i gynhesu'r cylch, neu os oedd yr aelwyd yn ddigon mawr, poethid y cylch ar y tân yno. Gyda'r olwyn wedi ei sgriwio'n dynn, wyneb i waered ar blatfform cylchu haearn, rhoddid y cylch eirias yn ei le. Arllwysid dŵr ar yr olwyn cyn i'r gwres wneud unrhyw niwed i'r pren ac wedi i'r cylch dynhau am yr olwyn yr oedd yn barod i fynd yn ôl i weithdy'r saer olwynion.

Roedd yr efail yn lle pwysig iawn yn gymdeithasol hefyd a chyrchai ffermwyr a gweision yno o ardal eang. Gweithiai'r gof oriau hirion o fore tan nos a byddai yn llewys ei grys waeth pa mor oer oedd y tywydd. Mae'n siŵr i Efail y Wig fod yn lle difyr a phrysur ar ddiwrnod gwlyb gan y byddai pobl yn dod â'u ceffylau i'w pedoli gan ei bod yn rhy wlyb i weithio'r tir. Ni roddai'r gof bedolau newydd ar y ceffylau bob amser – weithiau byddent yn tynnu'r bedol cyn torri'r carn (fel y torrwn ni ein ewinedd) ac yna ei hailosod os nad oedd wedi treulio. Rhoddid hoelion arbennig yn y pedolau yn y gaeaf a adwaenid fel *frost nails* – rhoddai'r rhain well gafael i'r ceffylau ar dir caled, llithrig.

Claddwyd Mr William Thomas, y gof olaf yn 1985 ym mynwent Llangynyw yn ymyl ei dad a'i daid. Bu'r efail yn segur ers hynny, a bu Mrs Evans yn byw yno ei hun ar ôl claddu ei gŵr, y diweddar Mr Jos Evans.

Cludwyd y ddwy einion o'r efail i Sain Ffagan yn ystod haf 1997. Roedd un ohonynt yn anghyffredin iawn am fod ganddi ddwy big ac roedd Mr William Thomas wedi gwneud einion fechan ei hun a roddwyd mewn twll sgwâr ar yr einion fawr.

Ni fyddai ceffylau'n mynd i mewn i'r gweithdy i gael eu pedoli. Gwnaethpwyd hynny yn y pentis, sef gweithdy bychan drws nesaf i weithdy'r gof. Nid oedd unrhyw gelfi yno a daliai'r perchennog neu'r gwas ben y ceffyl fel y gweithiai'r gof arno. Roedd rhai ceffylau ifanc yn anodd i'w pedoli ond roedd profiad y go' yn eu tawelu. Cofia Maurice Evans, Tynrhos godi coesau'r ceffylau er mwyn i Mr Pryce Thomas eu pedoli gan fod yr hen of yn ei grwman ar ôl oes o drin ceffylau. Nid yw Mrs Gwennie Evans yn cofio ei thad neu ei thaid yn cael unrhyw anafiadau difrifol o ganlyniad i losgiadau, dros yr holl flynyddoedd. Yn sicr mae i Efail y Wig neu Efail Daniel le pwysig iawn yn hanes yr ardal. Ni fuaswn wedi gallu ysgrifennu'r ysgrif hon heb gymorth Mrs Gwennie Evans, a diolch iddi eto am rannu ei gwybodaeth â mi. Gobeithio fy mod wedi ailadrodd y ffeithiau yn gywir!

Bu tinc y morthwyl i'w glywed ar einion Efail y Wig am dros ganrif, ond bellach daeth i ben hen gelfyddyd a oedd unwaith mor bwysig yng nghefn gwlad. Credaf fod englyn Tîm Ymryson y Beirdd Sir Aberteifi yn dweud y cyfan:

Hen Efail

Y gêr dan rwd seguryd – a'r taw hir
   Lle bu'r taro diwyd:
   A wêl fedd a gefail fud
   A wêl fedd hen gelfyddyd.

Alwyn Hughes (o Plu'r Gweunydd, *Ebrill 2002)*

Gwylliaid Cochion Mawddwy

Tegwyn Pughe Jones

Ardal ddiarffordd fu Mawddwy erioed, ar y ffin rhwng yr hen Bowys a Gwynedd; yna rhwng Sir Feirionnydd a'r Mers. Rhoddai cymoedd coediog Mawddwy gyfle i ddrwgweithredwyr ddianc rhag yr awrurdodau drwy groesi'r ffin o un gyfundrefn i'r llall. Er bod Mawddwy yn rhan o'r Mers, roedd hefyd yn arglwyddiaeth annibynnol gyda'i chyfreithiau a'i defodau ei hun. Wedi dwyn gwartheg yn, dyweder Llanuwchllyn, dihangent dros Bwlch Groes yn ôl i Fawddwy; ni allai'r awdurdodau eu dilyn. Ond mewn mis neu ddau fe âi'r gwylliaid dros Bwch y Fedwen i ddwyn unwaith eto cyn dychwelyd i gadernid Mawddwy.

Bu deublwy Mawddwy'n gartref i'r gwylliaid ers gwrthryfel Owain Glyndŵr. Er bod Arglwydd Mawddwy yn gefnder cyfan i Owain Glyndŵr ni gefnogai'r gwrthryfel, ond gwrthryfelodd gwerinwyr Mawddwy gan ymuno â Glyndŵr â'u pladuriau. Yn 1415 roedd Ieuan a Deio ap Madog Goch, Tegwryd ap Iorweth ap Howel, a Gwilym ap Gwilym ap Hywel yn dal i ymladd hefo gweddillion byddin Owain Glyndŵr – collasant eu tir, ynghyd â llawer o denantiaid a gwerin Mawddwy; nid oedd ganddynt unrhyw ddewis ond aros ar herw yng nghoedwigoedd Mawddwy.

O bryd i'w gilydd ymunai herwyr eraill â'r gwylliaid ym Mawddwy a'r Drum Ddu; pobl fel Syr Gruffudd Fychan a'i frawd Ieuan ap Gruffudd a aeth ar herw yn 1443 wedi i Gruffydd Fychan ladd Syr Christopher Talbot (ffefryn brenin Lloegr) mewn twrnament. Bu'r ddau ynghyd â'u dilynwyr yma ym Mawddwy gyda'r gwylliaid tan 1447 pan ddenwyd Gruffudd Fychan gan Harry Grey, Arglwydd Powys i'r Castell Coch â phardwn ffug; dalwyd ef yn y castell cyn ei ddienyddio.

Ar ben Bwlch Oerddrws cyfarfyddai penaethiaid Gwynedd,

Powys a Mawddwy i drafod sut y gellid dal drwgweithredwyr pan fyddent yn dianc o un arglwyddiaeth i'r llall. Drwy hanner olaf y bymthegfed ganrif cyfarfu'r penaethiaid yn rheolaidd, ac yn amlach na pheidio, trigolion Mawddwy oedd dan y lach. Penderfynodd yr awdurdodau i ddefnyddio'r ddeddf uno yn 1536 i ddod â chyfraith a threfn i Arglwyddiaeth Mawddwy – unwyd Mawddwy â'r hen sir Feirionnydd. Gobeithiai'r awrdurdodau y byddai trefn yr hen sir yn lledaenu'n raddol i Fawddwy – ond nid felly y bu; daliai'r gwylliaid at eu hen arferion – crwydrent dros Bwlch y Fedwen, Bwlch Oerddrws a Bwlch y Groes am Lanwddyn, Dolgellau a Llanuwchllyn.

Pan benodwyd Lewis Owen yn siryf Meirionnydd am yr eildro yn 1554, a John Brooke o Fawddwy yn ddirprwy iddo, yr oedd yr awdurdodau wedi pwyso ar Lewis Owen i fynd i'r afael â'r gwylliaid, a dyna a wnaeth – âg arddeliad; carcharwyd degau o bobl am ddwyn, a chrogwyd wyth. Yr oedd eisioes wedi tynnu fân uchelwyr Mawddwy a Meirionnydd i'w ben wrth fachu darnau o dir Abaty Cymer a thiroedd eraill drwy ddefnyddio y grym a ddôi yn rhinwedd ei swydd fel siryf Meirionnydd a'i aelod seneddol. Yn ôl cyfnodion Llys y Sesiwn Fawr llofruddwyd y Barwn Lewis ab Owain ar 12 Hydref, 1555. Nid yw cofnodion yr achos llys pan gyhuddwyd llofruddwyr y Barwn Owen ar gael, ond drwy lwc erys cofnodion yr achos llys yn 1558 pan gyhuddwyd eu cyfeillion o geisio'u harbed. Cyhuddwyd John ap Llywelyn ap Rhys o gynorthwyo John Goch ac eraill. Yn ogystal, cyhuddwyd Lowri ferch Gruffudd Llwyd o'r Brithdir o gysgodi Ellis ap Huw o Fawddwy a oedd wedi cysgodi John Goch a'i ffrindiau. Cafwyd John ap Llywelyn ap Rhys yn ddieuog, a Lowri yn euog; ond gan fod Lowri'n feichiog, ni ellid ei chrogi; cadwyd hi yn y ddalfa nes geni ei babi, ond ni wyddom os y crogwyd hi wedi hynny.

Trwy lwc, yn yr achos llys hwn y dyfynnir o'r achos llys gwreiddiol pan cyhuddir wyth person o ladd y Barwn Lewis Owen. Cyhuddwyd wyth, sef Gruffudd Wyn ap Dafydd ap Gutun o'r Brithdir, iwmon, Ellis ap Tudur o Nannau, iwmon, John Goch ap Gruffudd ap Huw o Fawddwy, iwmon, Robert ap Rhys ap Hywel o Fawddwy, iwmon, Siencyn ap Einion o Fawddwy, iwmon, Dafydd Gwyn ap Gruffudd ap Huw o Fawddwy, iwmon, Morus Goch o Gemais, iwmon, a Ieuan Thomas o Lanwddyn, iwmon.

Adroddir yn y cofnodion fel y bu i John Goch ap Gruffudd ap Huw wthio ei waywffon (gwerth 12c) i fol y Barwn Lewis Owen, ac fel y bu farw o'i glwyfau. Yn y fan a'r lle hefyd yr oedd Gruffudd Wyn ap Dafydd ap Gutun gyda bilwg (pris 8c) yn ei law dde, Ellis ap Tudur gyda cleddyf (pris 20c), Robert ap Rhys ap Hywel gyda bilwg (pris 8c), Siencyn ab Einion gyda bwa (pris 12c) ac un saeth (pris 1c), Dafydd Gwyn ap Gruffudd ap Huw gyda bwa (pris 12c) ac un saeth (pris 1c), Morus Goch gyda chleddyf (pris 3s), a Ieuan ap Thomas gyda dagr (pris 20c).

Nid herwyr laddodd y Barwn Lewis Owen ond mân uchelwyr o Fawddwy a'r plwyfi cyfagos. Roedd y drwgdeimlad yn ei erbyn yntau a'r gyfundrefn sirol newydd wedi bod yn mudlosgi ers blynyddoedd; ni wyddom yn union beth a ysgogodd John Goch a'i gyd-wylliaid i lofruddio'r Barwn Lewis Owen, ond bu'r awdurdodau'n ddidostur eu hymateb, fel y dengys eu triniaeth o Lowri ferch Gruffudd Llwyd. O dipyn i beth tawelodd y gwrthryfel yn Mawddwy, ac erbyn 1580 ceir cofnodion o fab John Goch yn prynu a gwerthu tir yn Nugoed Mawddwy. Pwy a ŵyr nad oes rhai o'i ddisgynyddion yn dal i grwydro Cwm Dugoed. Dyma rai o'r straeon a glywais am Wylliaid Cochion Mawddwy:

Collfryn a Rhos Goch

Yn rhinwedd ei swydd fel Siryf Meirionnydd, penderfynodd y Barwn Lewis Owen fynd i'r afael â'r gwylliaid ar noswyl y Nadolig yn 1554, a llwyddodd ef a'i filwyr i ddal wyth deg o'r gwylliaid; aethpwyd a nhw i'r Collfryn, boncyn crwn hynod yn y coed uwchben Rhos Goch. Yno, heb reithgor na thystion fe'u dedfrydwyd i grogi o ganghennau'r derw. Yr oedd un ohonynt – John Goch – yn ifanc iawn, a phlediodd ei fam ar y Barwn Owen i arbed ei fywyd, ond nid oedd troi arno, a chrogwyd John Goch ynghyd â'i gyd-wylliaid. Dinoethodd yr hen wraig eu bronnau a dywedodd wrth y Barwn 'mae y bronnau hyn wedi rhoi maeth i feibion eraill a olchant eu dwylo yn ngwaed dy galon di'.

Gadawyd nhw i grogi nes i'r brain eu llarpio; rhedai eu gwaed hyd y cae islaw, a gelwir y cae hyd heddiw yn Rhos Goch.

Llidiart y Barwn a Ffridd y Groes

Mis Hydref tywyll oedd hi pan ddaeth y Barwn Lewis Owen a John Llwyd o Geiswyn a'u gweision dros Fwlch y Fedwen ar eu ffordd adref o'r Trallwng wedi iddynt drefnu priodas. Disgynnai'r ffordd yn raddol i lawr rhwng y derw hynafol i geunant y Clywedog, yna dros y bont a fyny'r rhiw. Yn sydyn, disgynnodd derwen o'u blaenau a chyn iddynt gael cyfle i ddianc, disgynnodd derwen arall tu ôl iddynt. Saethwyd gawod o saethau tuag atynt. Trawyd y Barwn Owen deg ar hugain o weithiau, ac er i John Llwyd geisio ei achub, bu farw'r Barwn a chafodd brodyr John Goch olchi eu dwylo yng ngwaed y Barwn Lewis Owen o'r Plas yn Dre.

Ymhen amser codwyd croes i'w goffáu, a gelwir y man hyd heddiw yn Ffridd Groes.

Cae Ann a Braichllwyd
Brolwyd dawn saethu'r gwylliaid, a cheir stori amdanynt yn saethu morwyn Gelliddolen pan gerddai adref drwy gaeau Braichllwyd. Saethodd un ohonynt ar draws y cwm cul i brofi ei ddawn saethu, a bu farw Ann druan yn y fan a'r lle.

Mae stori debyg amdanynt yn torheulo ar y llechwedd o dan Braichllwyd; gwylient deulu Talyglannau yn brysur lanerchu eu gwair rhos pan ddaeth yn amser te, daeth yr hen wraig â chosyn o gaws i'r weirglodd; broliodd un o'r gwylliaid y medrai daro'r cosyn caws a'i saeth; heriodd y lleill o, a saethodd at y cosyn caws ar draws y cwm, gan ei daro a'i saeth cyntaf.

Bont y Byllfa
Yn ôl rhai, Pont y Babellfa oedd yr enw gwreiddiol, a honnir i'r gwylliaid wersylla yma ar rai adegau.

Mynwent y Gwylliaid a Phyllau'r Glwfeiriaid
Ar fynydd Dugoed Mawr ceir olion hen feddau hirgrwn lle claddai'r gwylliaid eu meirwon – Mynwent y Gwylliaid. Hefyd ar fynydd Dugoed Mawr, uwchben Cae Crythor, ceir tair cistfaen o'r oes efydd; dywedir y byddai'r gwylliaid yn trin crwyn anifeiliaid yma, ac fe'i gelwir yn Bylla'r Glwfeiriaid.

Pont y Gwylliaid
Pont unigryw ar fynydd Llwyngwilym yw hon, ac fe saif mewn pant cysgodol yng ngolwg Carneddi'r Gwragedd. Fe'i gwnaethpwyd o dyweirch, ac maent wedi eu gosod yn ddestlus dros ffos sy'n rhedeg drwy'r merddwr. Y ffordd yma, fyddai'r gwylliaid yn dychwelyd ar ôl iddynt fod yn dwyn gwartheg yn ochrau Llanwddyn.

Ffynnon y Gwylliaid a Llety'r Gwylliaid

Gwelir y ffynnon hon yn ymyl copa Bwlch y Groes, a byddai'r gwylliaid yn golchi eu dwylo ar ôl bod yn llofruddio pobl diniwed Llanuwchllyn! Ar Fwlch Oerddrws mae Llety'r Lladron – dyma lle gwyliai'r gwylliaid deithwyr blinedig yn llusgo i fyny'r Bwlch cyn ymosod arnynt.

Henblas

Ger Nant y Bitffel, Dugoed Isaf gwelir olion murddun. Yr Henllys yw hwn – cartref moethus pennaeth y gwylliaid pum can mlynedd yn ôl. Canrif yn ôl tyfai blodyn anghyffredin – Rhys y Camiwr – yng ngardd y llys, ond mae wedi hen ddiflannu erbyn hyn.

Y Gwylliaid olaf

Daliwyd y gwylliaid olaf mewn sawl man yn ôl coel gwlad; mae Ceunant y Gwylliaid ym mlaen Nant y Saeson, lle daliwyd yr olaf ohonynt. Ceir Ceunant y Gwylliaid arall yng Nghwm Twrch y Foel. Dywed eraill mai yn ysgubor y Gwanas y daliwyd yr olaf o'r gwylliaid wedi iddynt gael ymgeledd gan Siôn Rhydderch ac yna eu bradychu, roedd gan yr hen fobl ddywediad – mor ffals â Siôn Rhydderch.

Enwau Llanwddyn

Mae Palas y Gwylliaid sydd uwchben Ceunant Du ar fynydd Penisa'r Cwm, ac yno y cuddiai un o'r ddau olaf o'r gwylliaid – eto! Mae Stryd y Gwylliaid, a Sarn y Gwylliaid ger aber Nant y Ddwyren a Nant y Ceunant Du yn arwain o'r palas i'r mynydd. Daliwyd yr olaf o'r gwylliaid ger Caban Iddew ar ôl iddo ddianc yno o Fawddwy. Darganfyddodd yr awdurdodau fod brawd iddo yn byw yn Swydd Gaerhirfryn, a thalwyd iddo i ddal y gwylliaid. Rhedodd y gŵr o Swydd Gaerhirfryn ar ôl ei frawd a'i ddal ger Caban Iddew uwchben Rhiwargor.

Aelwyd Penllys

Alwena Francis

'Gwranda' meddai Cogs rhyw nosweth 'allith Huw a ti ddod i fyny i'r Llan nos Iau nesa?' 'Be sy' mlaen?' gofynnais inne. 'Wel, mae'r Aelwyd yn dathlu pen-blwydd yn 40 leni ac mae'n rhaid inni neud rhywbeth.' 'Iawn' meddwn innau.

Y nos Iau honno, daeth llond y bar ohonom at danllwyth o dân yn y *Goat*, Llanfihangel i drefnu dathliad. Roedd oedran y pwyllgor yn rhychwantu rhwng 15 a 65 ac fe drefnwyd parti mawr yn Llanfair Caereinion i gyn-aelodau'r Aelwyd a'u partneriaid. Daeth tua 200 ohonom ynghyd, a'r noson honno roedd yr atgofion yn llifo.

Atgofion o'r chwedegau a'r saithdegau oedd gan ein bwrdd ni a'u cyfeillion. Bryd hynny nos Wener oedd noson yr Aelwyd, a'r man cyfarfod oedd Hen Ysgol Llanfihangel – adeilad hen ffasiwn gyda'i dân gwresog yn cynhesu rhyw hanner cylch tua chanol yr ystafell.

Yn aml, byddem yn gwahodd rhywun i siarad â ni neu i arddangos eu gwaith. Un tro daeth plisman i siarad ar y testun *Crime Prevention*. Sgwrs addysgiadol iawn, ond ar derfyn y noson pan aeth i chwilio am ei gôt roedd hi wedi mynd. Ymhen amser daeth y plisman o hyd iddi – yng nghrombil y piano!

Dro arall daeth Trefor Selway i arddangos y grefft o wneud gwin cartref. Druan â fo – roedd pob costrel yn wag cyn iddo gychwyn adre.

Anghofith Dei Tomos fyth mo'i ymweliad cyntaf ag Aelwyd Penllys. Cyrhaeddodd yno ar gefn ei foto-beic ar ôl taith oer ganol gaeaf o'r Drenewydd. Erbyn iddo gyrraedd y Llan, roedd toriad yn nhrydan yr Hen Ysgol – tywyllwch dudew a'r anwariaid ifanc wedi diflasu. Ond yng nghegin yr hen ysgol roedd sachaid o datws (gyda llaw – tatws cinio plant yr ysgol a ddefnyddiai'r ystafell fel cantîn). Yn eu diflastod, roedd cogiau'r Aelwyd wedi cael y syniad o gael ffeit datws. Agorodd Dei'r drws i'w gael ei gyfarch gan storm o datws a'i drawai o bob cyfeiriad. Tipyn o sioc i drefnydd ifanc yr Urdd!

Gyda llaw, Dei oedd y gŵr gwadd yn y dathliad deugain oed, a braf oedd rhannu ei atgofion y noson honno.

Cystadlu yn Eisteddfod yr Urdd oedd pinacl pob blwyddyn, a theg nodi bod Aelwyd Penllys wedi ymddangos ar y llwyfan cenedlaethol yn ddi-dor ers Eisteddfod Caergybi.

Ond bobol annwyl, roedden ni'n cael trening. Yn y cystadlaethau cerdd roedd yn rhaid dysgu pob nodyn yn berffaith am wythnose cyn mynd 'ar y gair' chwedl Elfed. Cofiwch nad oedd llawer o'r aelodau'n medru darllen nodyn, ac felly'n dibynnu'n gyfangwbl ar y glust a'r cof.

Petaem ni yn yr armi fydden ni ddim wedi cael mwy o ymarfer i fynd ymlaen ar y llwyfan. Roedd amseru'n bwysig, ac roedd yn rhaid i'r côr gyrraedd blaen llwyfan mewn mater o eiliadau – yn gyflym a smart! (yn ôl barn Elfed). Fe fyddai'n arweinydd llym, a byddem ei ofn ambell dro. 'Petai'r to'n syrthio rhaid ichi gario 'mlân' oedd ei orchymyn.

A wir i chi, un tro yng ngwres llethol y rhagbrofion, ar ganol cystadleuaeth cyflwyniad llafar, fe lewygodd Tyisa ac fe'i daliwyd gan Hywel Cefncleisiog – yn reit smart. I ddweud y gwir, roedd y beirniad a'r gynulleidfa'n meddwl ei fod yn rhan o'r perfformiad, ac fe gariwyd ymlaen heb i unrhywun gymryd sylw. Serch hynny, yn y feirniadaeth, sylw'r beirniad oedd ein bod wedi mynd â'r peth 'braidd yn rhy bell'!

Byddai gennym gôr meibion yn flynyddol. Y 'Bois' fyddai'n cael sylw mwyaf Elfed a fydden ninnau'r merched wrth ein boddau'n cael gwobr, er mwyn cael tynnu ei goes.

Un flwyddyn, *Sosban Fach* oedd y darn gosod ar gyfer y côr meibion, ac roedd y bois wedi bod yn ymlafnio i ddysgu darn rhy anodd a oedd, o ganlyniad, yn llawn sŵn drwg! Daeth yn noson yr Eisteddfod Gylch yn Llanfair Caereinion (yng nghanol y tymor wyna – fel arfer), a dyma ddechrau canu'r darn gyda brwdfrydedd, ond yn wir i chi, wrth fynd ymlaen daeth yn niwl ar y Sosban ac yn y diwedd . . . ffwl stop! Roedd y gynulleidfa'n rhowlio chwerthin, ond buan y trodd eu chwerthin yn chwerw pan drodd Elfed i'w gwynebu gan edrych yn flin dros ei sbectol, a'i wallt yn ei wyneb, cyn rhoi iddynt y bregeth fwyaf tanbaid a gawsant erioed! 'Cywilydd i chi' meddai. 'Bydd y bois hyn yn eich cynrychioli chi ar lwyfan y Genedlaethol eleni.' Bu tawelwch.

Gwir y gair – ar ôl llawer o ymarfer ymddangosodd y côr ar y llwyfan Cenedlaethol y flwyddyn honno.

Cynhaliwyd llawer o ymarferion yn Ysgol Uwchradd Llanfyllin – ymarferion weithiau o saith o'r gloch yr hwyr hyd at oddeutu dau neu dri o'r gloch y bore. Cofiwch byddai'n goblyn o job cael Elfed i gychwyn – roedd eisiau 'gweithio pethe mas' yn gyntaf.

Byddai llawer o amser rhydd gan rai aelodau tra byddai eraill yn ymarfer eu heitemau hwy. Cofiaf un tro i rai o'r cogiau gael gafael ar gôt Cleds (Cledwyn Tynymynydd) a'i halio i fyny polyn fflag uchel o flaen plasty'r Llwyn. Yn anffodus doedd neb wedi meddwl bod yn rhaid clymu'r rhaff er mwyn cael tynnu'r gôt i lawr. Nid poeni am y gôt oedd Cleds, ond poeni bod pum punt yn ei phoced.

Cynhelir dawns werin fawr yn Neuadd y Dref, Llanfyllin, ar y nos Sadwrn cyn y Nadolig, a byddai'r lle dan ei sang! Cymrai aelodau'r Aelwyd bedwar i bum niwrnod i baratoi'r neuadd ar gyfer y noson hon. Byddai thema arbennig bob tro. Y gyntaf oedd Dawns y Sgubor, a buom am nosweithiau yn tynnu'r canol allan o faip neu swêds a gwneud siâp wynebau arnynt cyn gosod cannwyll yng nghanol pob un. Bêls gwair oedd y seddau! Dyna ichi gyfuniad – doedd dim sôn am reolau tân yr adeg honno.

Yn nawns yr Ogof defnyddiwyd llathenni o blastig du i orchuddio'r neuadd cyn gosod mygydau a gwe pry cop a bwganod ym mhob man.

Wedyn roedd Dawns Dan y Don pan aeth llond car y diweddar Elin Mair i'r Bermo i moyn gwymon, a chyrraedd yn ôl i Lanfyllin tua thri y bore gyda llond bŵt y ffiesta bach o effeithiau arbennig i'r twmpath.

Cafwyd Dawns y Gawod Eira (amserol iawn), ac ychydig wedi hanner nos gollyngwyd cawod braidd yn sydyn o bolysteyren gwyn o'r rhwyd islaw'r nenfwd. Glaniodd yn fwriadol ar ben Sarjant Davies a oedd wedi trio dod â'r ddawns i ben ers meityn!

Er mwyn cadw i fyny â'r oes cafwyd Dawns y Gofod a oedd yn llawn sêr a rocedi a phlanedau, ac hyd yn oed robot oedd yn symud rhannau o'i gorff ac yn fflachio mewn lleoedd digon digri!

Thema arall oedd Dawns y Goedwig – y tro hwnnw, drewai'r neuadd o goed pîn. Roedd coed y Llwyn yn gyfleus iawn i goedwigwyr Penllys, a chariwyd aml i lwyth i addurno'r neuadd yr wythnos honno! Yng nghanol 'y goedwig' roedd Siôn Corn yn galw'r twmpath gydag arddeliad! Cofiaf i dair ohonom fynd i Gefn Coed isaf i beintio Zulus brown i'w gosod ymysg y 'coed'. Roedd yno deigr hefyd!

Ceir atgofion melys o'r nosweithiau hynny ac am yr hwyl a gawsom wrth baratoi ymysg y 'coed'. Yn yr Aelwyd, fe'n dysgwyd i fod yn driw i'n hardal a'r mudiadau a berthyn iddi ac i gymeryd ein cyfrifoldeb o ddifri.

Rwy'n ymfalchïo 'mod i wedi bod yn aelod o Aelwyd Penllys, ac yn ddiolchgar am y profiadau gawsom o dan adain Elfed – ein ffrind ni oll.

Hanes Teulu Penantwrch

I. Elfyn Ellis

Rhyw ysfa a barodd i mi fynd i ymweld unwaith eto â'r hen fro. Roedd yr atgofion yn dryblith a'r naill don yn dilyn y llall mewn dychymyg byw. Yr unig ffordd i foddi tyndra'r galon a lliniaru'r dyhead bywiog fyddai mynd ar hyd yr hen lwybrau, a chychwyn o bont y pentref. Gwelaf ei chanllawiau fel dwy fraich estynedig yn fy nghroesawu. Ond ymddengys y bont a'r afon oddi tani yn llawer llai nag y cofiwn hwy. Dyma enghraifft o'r dadrithiad sy'n digwydd gyda threigliad amser. Soniai'r Groegiaid ers llawer dydd am 'glwy'r dychweliad', a gall hwnnw ddwyn dadrithiad bob yn ail ag ecstasi; gofid yn ogystal a llawenydd. Roeddwn innau dan glwy dychweliad.

Eto pan safwn ar y bont ac edrych i fyny'r pentref, pwy bynnag sydd yno heddiw, y bobl a oedd yno gynt a welwn i – pobl gan mwyaf â'u gwreiddiau'n gadarn yn naear eu bro. Yr hyn a roddai arbenigrwydd iddynt oedd swydd a chrefft, a rheiny'n aml yn rhedeg yn y teulu. Yr oedd hyn cyn i surion amser ddatgymalu'r hen fyd a phan oedd angen llaw gelfydd i drin anhepgorion gorchwyl a chrefft. Dyna lle'r oedd cyw o frid yn well na phrentis. Y mae i bob gwaith celfydd ei gyfrinach, ac y mae pob un a aned yn freiniol yn ei gydwybod megis wrth reddf.

Prin y gallwn i ddygymod â'r syniad mai ein cenhedlaeth ni oedd yr olaf o werin crefft a chelfyddyd. Cawsai plant gwlad a phentref fanteision ysgol a choleg i'r amcan ffuantus o ddod ymlaen yn y byd. Bellach y maent hwy a'u disgynyddion ar wasgar, a llawer ohonynt yn ddifeddwl o'u tras ac yn ddieithriad i'w daear a'u gwreiddiau cynefin. Mae poblogaeth eu bro mebyd yn llai na thraean o'r hyn a fu, a theimlwn fath o euogrwydd am i minnau fod yn rhan o'r dylifiad mawr fu'n gyfrifol am dlodi'r henwlad. Cawsom gyfleusterau i lwyddo'n y byd, ond ar draul amddifadu'r werin gyffredin o unrhyw wasanaeth y gallasem fod wedi ei roi iddi. Heddiw mae ysbrydion y rhai fu yma gynt yn llafurio'n galed am elw prin yn edliw inni'r gwrthgiliad.

Â'r fath feddyliau'n fy nghorddi, a wynebau o'r dyddiau gynt yn ymrithio o'm blaen cyrhaeddais yr hen gartref – man unig ym mlaen cwm anenwog sef Cwm Twrch ym mhen plwyf Garthbeibio, Maldwyn. A dyna'r lleisiau anweledig yn ymgorffori mewn cyfryngau gweladwy – rhieni, teulu, a phwy bynnag arall. Rwy'n un o hen wehelyth y mynydd, yn aer i dreftadaeth fy hynafiaid. Am fwy na thair canrif bu lleisiau cred yn ffurfio, yn symbylu ac yn coethi'r etifeddiaeth.

Yn awr rhaid ceisio egluro a deall parhad a sefydlogrwydd y llinach dros yr holl amser. Pa ddylanwadau oedd yn cynnal ei bywyd, ei chymeriad a'i hegni? Rwyf am geisio dod at y cwestiwn wysg fy nghefn a chychwyn o'r amser yr euthum i'r ysgol elfennol ychydig cyn bod yn saith oed – yn hŷn na'r cyffredin am fod y pellter yn rhyw bedair milltir a'r ffordd drwy wlad agored, unig a digysgod. Cymry uniaith bron heb eithriad oedd y plant, ond Saesneg oedd iaith y gwersi o'r diwrnod cyntaf a'r rhai ohonom na chlywsom prin air o Saesneg yn mynd i ddosbarth gwraig o Saesneg uniaith. Mae'n anodd i neb ddychmygu mor unig, mor ddieithr ac anhapus y teimlai plentyn swil o'r wlad.

Er hynny gallwn fod yn ddiolchgar am yr addysg dda a gawsom yno. Ystyrid yr ysgolfeistr yn un o'r goreuon. Ysgol Eglwys ydoedd ysgol Garthbeibio, C. *of* E. bondigrybwyll. Cawsom ddeall yn fuan mai Tydecho oedd ein nawddsant. Cryn dipyn yn ddiweddarach dyna gael yr hanes amdano ef a'i chwaer Tegfedd a mintai o fynaich yn dod i Gymru o Lydaw yn gynnar yn y chweched ganrif. Sefydlodd eglwys – cell mae'n debyg, yn ogystal â dwy arall yn y rhanbarth hwn sef Mallwyd a Llanymawddwy. Yn ôl pob hanes amdano, roedd yn gymeriad nodedig ac yn ymgorfforiad gwiw o'r arweiniad a'r cyfarwyddyd y mae lleisiau'n eu dynodi. Bu'n gyfrwng effeithiol i gyfeirio bywyd ac ymddygiad yn y rhanbarth hwn. Beth bynnag yw ein barn am y chwedlau sy'n ymwneud â hanes Tydecho, yr argraff sy'n aros yw bod ei ysbryd a'i ddawn wedi treiddio'n ddwfn i feddylfryd a thueddiadau'r rhanbarth.

Gerllaw yr oedd ffynnon a gysylltid ag enw Tydecho. Nid yw hynny'n beth eithriadol oblegid yn ôl yr hanes:

nid oes derfyn ar nifer y ffynhonnau a geir mewn cysylltiad ag eglwysi plwyf yng Nghymru, a phery'r arfer o hyd o gael dŵr o'r ffynnon i fedyddio. Roedd ffynhonnau o'r fath, mae'n debyg, yn cael eu hystyried yn lleoedd cysegredig cyn i Gristionogaeth erioed ddyfod i'r wlad.' R. Richards, Cymru'r Oesau Canol, tud. 245.

Dichon fod hynny'n wir am ffynnon Tydecho a bod y gred yn ei rhin yn mynd ymhell yn ôl. Ystyrid bod ei dŵr yn effeithiol i wella rhai anhwylderau. Mewn llythyr yn dyddio 1835 y mae cyfeiriad at wraig â rhyw anhwylder arni yn cael cyfle i fynd i ffynnon Tydecho a'i bod yn well o lawer wedyn. Wrth y ffynnon yr oedd hefyd ddelw mewn carreg o ben sant. Ond erbyn hyn difwynwyd y ffynnon ac ysbeiliwyd y ddelw. Nid peth newydd yw fandaliaeth. Gellir crybwyll hefyd fod yno, fel mewn llawer man arall, ffynnon wahanol – Ffynnon Rhigos – lle cyfarfyddai plwyfolion ar Sul y Drindod i yfed dŵr a siwgr, beth bynnag oedd arwyddocad hynny.

Ond yr ysgol oedd y ffynnon bwysig i ni, ei harferiadau a'i gwersi. Deuai'r rheithor i mewn rai boreau i gynnal gwasanaeth byr ac i'n holi yn y catecism a'r ysgrythur. Wrth alw i gof yr oedd gennym wybodaeth dda o'r Beibl, ac o elfennau'r ffydd drwy'r Credo a brawddegau coeth y colectau. Dim ond ar ôl blynyddoedd y daethom i wybod fod Tydecho'n perthyn i gangen wahanol o'r eglwys Gristionogol – i'r eglwys Geltaidd yn ôl pob tebyg – ond eto'n darllen yr un Beibl ac yn adrodd yr un gyffes a phader. Wedi'r cwbl yr un yw'r hanfod a'r amcan. Glynai'r Eglwys Geltaidd wrth gyfundrefn a defodau Eglwys Groeg. Bu ymryson hir ond dan wasgfa ildiodd yr Eglwys Geltaidd yn Iwerddon rhwng 625 a 638, yn y Gogledd yn 664, ac yng Nghymru yn 768. Eglwys Cymru, felly a fu fwyaf ffyddlon i'r hen gyfundrefn, ac yn ei dydd y fwyaf egnïol ei chenhadaeth.

Wedi bod o'r neilltu am ennyd gyda'r mynaich Celtaidd rhaid troi'n ôl i gwmni lleisiau eraill sy'n tywys a chyfarwyddo. Wedi i'r Normaniaid ddarostwng y wlad, daeth mynaich Rhufeinig a'u bugeiliaeth. Un peth sy'n coffáu eu cyfnod hwy yn y cylch yw enwau lleoedd fel Ystrad Marchell, Cae'r Mynach, a Lle'r Gell. Pan awn adref o'r ysgol yr oedd cryn dynnu i fyny am rhyw filltir dros y Fron cyn y cyrhaeddwn y copa noethlwm a'r enw Moel y Mynaich. Tybed a oes arwyddocad i'r ôl-ddodiad sydd i enwau dan le arall o fewn cyrraedd hwylus – Foel Lwyd a Dôl Lwyd? Ond o ben y Foel gwelwn ehangder llydan o'r plwyf a thair milltir o ffordd agored a blinderus cyn cael torri'r siwrnai. Wedi mynd trwy'r llidiart olaf teimlwn gryn ryddhad oblegid yr oeddwn yn cyrraedd adref, o leiaf ar dir beitac a gysylltwyd amser yn ôl â'n fferm ni – Penantwrch. Yr hyn a welwn i gyntaf draw ychydig o'r ffordd oedd hen fwthyn a aeth yn feudy dyniewaid. Byddwn yn aml yn troi a galw heibio am fod ei osodiad a'r cylchynion yn awgrymu fod iddo amgenach gorffennol – rhes o goed celyn llathraidd yn cysgodi man lle bu gardd a gadlas, ac o'i gwmpas coed eirin a thoreth o fwyar iraidd. Ac enw'r bwthyn – Lluest-y-Groes. Y traddodiad oedd iddo fod yn lluesty i'r mynaich ar eu taith. Tybed ai hwy ynteu eraill ar eu hôl a fu'n plannu'r coed eirin a'r clympiau mwyar? Beth bynnag am hynny, yr oedd yn arhosfa, a dichon fod yno rhywun dros gyfnod o amser i weini a gwarchod. Bûm yn dyfalu lawer gwaith pa gyfrinach oedd ynghudd y tu ôl i lenni amser.

Yr ochr arall i'r afon ac ar gyfer Lluest, yr oedd ffermdy a fu'n gartref i'r un teulu am genedlaethau. Clywais lawer o sôn am gymeriad diddorol oedd yno erstalwm o'r enw Siôn Wiliam. Dywedid ei fod yn hoffi sôn am y dynion sanctaidd fyddai'n galw yno gynt ac yn cael lluniaeth ar eu ffordd. Wrth ymyl rhyd yr afon yr oedd sarn o gerrig nadd wedi eu gosod yn yr afon – sarn oedd wedi mynd yn gylchog a soddedig – a byddwn yn dychmygu gweld y mynaich yn camu drosti, yn cerdded i fyny'r gro yr ochr arall ac yn galw yn y ffermdy. Wedyn aent dros Fwlch Crwth i Ddyfnant a dyffryn Cownwy. Mae enwau lleoedd wedyn yn dynodi'r ffordd o Luest-y-Groes i Abaty Glyn y Groes – Cuddig (cuddigl), Groes Lan, Groes Lwyd a Glashirfryn (sef clas).

Yr oedd cymydog Siôn Wiliam yn dweud hanes amdano'i hun yn ei gyfarfod un diwrnod ac yn cael syndod ei fywyd – Siôn yn cerdded i gyfeiriad Bwlch Crwth yn droednoeth a lludw ar ei ben! Ni wyddai beth i'w wneud o'r fath olygfa a phan geisiodd gael rheswm ac eglurhad gan Siôn, meddai hwnnw, 'Wyddost ti ddim pa ddiwrnod ydi hi? Dydd Mercher y Lludw, a mae'n teulu ni bob amser yn dilyn esiampl y dynion sanctaidd fyddai'n galw yma.' 'O felly, rydech chi yma erioed?' 'Yden neno'r tad, ac ymhell cyn hynny.'

Sut bynnag y syniwn ni am odrwydd Siôn Wiliam, efallai wedi'r cyfan ei fod yn arwydd o ryw waddol anweledig oedd yn aros yn awyr y cwm o gyfnod y mynaich, o agwedd bywyd wedi ei drwytho gan esiampl a disgyblaeth a ffydd. Gall naws arbennig aros yn haen mewn bywyd. Fel yn hanes ei chysylltiad â'r Eglwys Geltaidd dangosodd Cymru hwyrfrydigrwydd i bob newid, ac fel y dywed Geraint H. Jenkins mewn achos arall:

Y mae'n amlwg fod ystyriaethau cymdeithasol yn cyflyru eu hymateb i'r Grefydd Ddiwygiedig. Yr oedd neilltuedd y wlad yn ei chau i ffwrdd oddi wrth gynnwrf ysbrydol y byd oddi allan. Grym arferiad oedd hanfod crefydd y lliaws.

Dyna nodi dau beth arbennig, sef neilltuedd a grym arferiad.

Yr oedd, ac y mae, neilltuedd yn nodwedd amlwg o'r cwm hwn. Capel anwes yn perthyn i eglwys plwyf Llanymawddwy oedd Eglwys Tydecho am amser hir ac yr oedd yn rhaid mynd i eglwys y plwyf i wasanaethau neilltuol. Gwasanaeth felly oedd eglwysa fel y'i gelwid, sef talu diolch am enedigaeth plentyn. Cychwynnodd tair mam o'r cwm i fynd dros y mynydd i wasanaeth o'r fath ond daliwyd hwy gan storm o eira a buont farw tan luwch ar Bengelli. Hyd heddiw, y mae ar y llecyn hwnnw dair carnedd – Carneddau'r Gwragedd – i'w coffáu. Er bod i fwriad y gwragedd ddiwedd prudd, efallai y gwelir yn yr amgylchiad ystyriaeth gynhenid y Cymry o arfer a defod eglwysig. Dywedir mai yn dilyn y digwyddiad hwn y gwnaed eglwys Tydecho yn eglwys y plwyf.

Awgrymais yn gynt y byddwn yn ceisio deall ac egluro parhad hir y teulu mewn cwr mor neilltuedig o'r wlad. Ond wedi ailfeddwl, efallai mai cais amhriodol fyddai hynny, oblegid sôn yr ydym am wladwyr nad oedd y fath beth erioed wedi taro'u meddwl. Rydym yn byw mewn byd gwahanol iawn, byd y gymdeithas symudol sydd eto i wawrio. Y pennaf peth ym meddwl y gwladwr oedd cartref a bywoliaeth. Gallai bywyd fod yn galed a'r colledion yn drwm heb unrhyw iawn mewn yswiriant neu gymhorthdal ond yn y pen draw yr oedd rhyw ragluniaeth fawr yn cadw ei ddysgl yn weddol wastad. Daw John a Jane Cadwaladr i'r golwg ym Mhenantwrch ar ddechrau'r ddeunawfed ganrif yn bobl mewn oed. Ni wyddys am ba hyd y bu'r teulu yno cyn hynny ond dywedai un ei fod yn cofio gweld llyfr yno a'r dyddiad 1629 wedi ei roi ynddo. Fel yng ngweddill y wlad erbyn hyn, Eglwys Loegr oedd â'r fugeiliaeth, ac iddi hi y perthynai'r teulu. Bu John a Jane farw ganol ugeiniau'r ganrif (1724 a 1726), ac yn eu hewyllys gadawsant gymynrodd i brynu bara i dlodion y plwyf adeg y Nadolig, amlygiad dymunol o'u hanian a'u gofal. Priododd eu merch, Margaret â David Richards, gŵr ifanc o Gae Ceirch yn ardal Dolgellau a thybiai rhai fod ei gyfenw, Richards, yn golygu bod ganddo gysylltiad â'r Crynwyr a oedd mor amlwg yn y gymdogaeth yr adeg honno. Efallai fod sail i'r dyb honno, gan gofio hefyd fod daliadau'r Crynwyr yn ddylanwad mewn rhanbarth eang o'r wlad. Meddai Geraint H. Jenkins yn ei lyfr *Hanes Cymru*:

Ymledodd y Crynwyr yn rhyfeddol o gyflym gan sefydlu diadelloedd lluosog yn siroedd Meirionnydd, Maldwyn a Maesyfed. Rhwydwyd cefnogaeth hefyd ymhlith masnachwyr a chrefftwyr trefi'r gororau.'

Yr oedd yr ardal hon yng nghanol y mudiad cyffrous, oblegid i lawr gwlad yr oedd Dolobran ac mewn cwm cyfagos, Cwm Cownwy, y mae llecyn sydd fyth â'r enw Mynwent y Crynwyr.

Beth bynnag fu bywiogrwydd y Crynwyr yn yr ardal, yr oedd erbyn hyn ar drai, a chawn fod David a Margaret Richards yn glynu wrth eglwys y plwyf. I'w dilyn ym Mhenantwrch daw'r mab, Evan a'i briod Ursula, ac arwydd o'u perthynas agos hwy â'r eglwys yw i Evan gael ei benodi'n warden yn 1767. O hyn ymlaen daw mwy o hanes y teulu. Yn y saithdegau aeth dau fab, Richard a David, allan i'r India i weithio gyda'r East India Company. Tua'r un adeg daeth gŵr ifanc arall o Lanuwchllyn, Meirionnydd y tro hwn, a phriodi Elinor y ferch. Dengys hyn eto fod cysylltiad agos rhwng yr ardal a'r cylchoedd bywiog, llengar ac addysgol yr ochr arall i'r mynydd. Hyd yn oed heb y cyfleusterau teithio sydd gennym heddiw yr oeddynt mewn cysylltiad parhaus. Y gŵr ifanc hwnnw o Lanuwchllyn, Isaac Ellis a'i wraig Elinor oedd deiliaid Penantwrch am gyfnod wedi hyn. A bu digwyddiad a roes dro a chyfeiriad newydd a sylfaenol i hanes y teulu. Dyma gyfnod y Diwygiad Methodistaidd a sefydlu Anghydffurfiaeth. Ceir sôn am genhadon yn ymweld â'r cwm, a'r hyn sydd o ddiddordeb yn y cyswllt hwn yw i Isaac Ellis ac Elinor droi'n Wesleaid argyhoeddedig a brwd. Wedi iddynt fabwysiadu'r gred Wesleaidd y mae eu hymdrech yn y ffydd yn nodedig, fel mynd ar gefn pawb ei geffyl i seiat a chariad-wledd mewn ffermdy saith milltir o bellter. Dyma ddechreuad cenhedlaeth o gredinwyr fu'n amlwg am eu gwybodaeth o'r ysgrythur. Mae hynny'n nodwedd amlwg o'r hyn sy'n dilyn pob diwygiad treiddiol, sef rhoi pwyslais ar agor yr ysgrythurau a chwilio gwirioneddau'r gair am oleuni. Y byrdwn parhaus yw fod y Beibl yn dangos Ceidwad, y ffordd i fyw, i farw, ac i deyrnas nefoedd. Daeth hynny yn beth anhepgor o brofiad a wedyn bydd yn eglur ym mhob portread o'r teulu.

Dyma gychwyn cadw Dyletswydd Teuluaidd bob dydd ar yr aelwyd, y fangre honno na cheir mohoni yn y tai diweddar gwaetha'r modd. Yr aelwyd – y gornel o flaen y simnai fawr ac o dan y pren mantell, cadair freichiau'r penteulu un ochr a'r Beibl wrth law ar y pentan; yr ochr arall, yr hen setl i'r fam a'r teulu, ac eraill o gwmpas ar eu stolion trithroed. Darlleniad o'r Beibl a gweddi cyn mynd at alwadau'r dydd. Nid gwaith a gorffwys oedd ym Mhenantwrch ond gweddi a gwaith; ymroddiad a ffyniant.

Mewn amser daeth David y mab, a'i wraig Jane i'r denantiaeth. Yr oedd David yn ŵr o allu arbennig ac yn efrydydd diwyd. Bu'n ymgodymu â iaith y clasuron; ac mewn hen groglofft gwelais werslyfrau Lladin a Groeg fu'n perthyn iddo, ac mae'n ddrwg gennyf i'r fath greiriau gael eu colli drwy symudiadau. Y mae hanes am y meistr tir – Lord Powis, a'i canmolai am ei hwsmonaeth – yn galw yno un tro ac yn ei ddal yn darllen. Gofynnodd iddo beth a ddarllenai ac estynnodd iddo ei Destament Newydd Groegaidd. Yr oedd yn bregethwr lleyg cymeradwy, a phan aeth i'r dref i bregethu gofynnwyd a allai roi emyn i'r Saeson – ond nid hynny'n unig a wnaeth; yn hytrach rhoddodd dalpiau o'i bregeth yn Saesneg. Ar bwys ei wasanaeth cyhoeddus penodwyd ef yn Oruchwyliwr Tlodion y plwyf ac yn aelod o'r Bwrdd Gwarcheidwaid a bu'n ddyfal iawn ei ofal.

Dilynwyd ef ym Mhenantwrch gan ei fab, David Ellis arall a'i wraig Sarah. Erbyn hyn yr oedd David hefyd yn bregethwr lleyg a Sarah'n nodedig am ei diwydrwydd a'i gwybodaeth ysgrythurol a diwinyddol. Yr oedd cadw'r Dyletswydd Teuluaidd yn para'n ddefod ddigyfnewid, a thrwy arferiad a hyfforddiant daeth to arall – naw o blant – yn olau yn yr ysgrythur. Ni allai Penantwrch gynnal teulu niferus a dyna fynd ar wasgar – dau fab i America, dau arall i dai masnach yn y deheubarth, dwy ferch i nyrsio, dwy arall i weini gofal, gan adael Joseph yn y cartref yn amaethwr diwyd a dawnus. Yr oedd yntau a'i chwaer Rosamonde hefyd, yn bregethwyr lleyg amlwg a derbyniol.

Drwy law Heulwen M. Ellis

Y Dafodiaith

Nest Davies

Arall-gyfeirio

Myn giam i, mae'r oes wedi altro er gwaeth
Dwi'n recno, ar ôl cial rheole mor giaeth;
Ers talwm, byw'n ddeche fyny'r wtra fach gul
Yn y ffarm fechan bropor fu'n yn teulu 's oes mul,
Yn watsied y stingoedd yn glasu yn glên
Yn y gweiniwn, a'r heffrod yn lleutha lond stên,
A'r sbinod a'r hyrddod a'r ffyle a'r boles
Yn blyngied i mi, a'r ddau gog a'r lodes.
Ond dango, mae'r werglodd yn dir *set-aside,*
A'r sietin yn rhywbeth *for-wildlife-to-hide;*
Mae'r blaid yn dŷ gwylie efo'r bing yn hows fach
A bathrwm – dwi'n whitho – 'di'r holl ddŵr 'ma yn iach?
Yn lle boddran â'r fudde gwneud *yoghurt* sy'n plesio,
Ac o ddiffyg gwaith – mae'r ddau gi wedi trigo!
Wrth weled yr altrad ym mhopeth, a'i jimio,
Dwi'n wherthin dros gynllun yr arall-gyfeirio;
Ond dwi'n fisi'n troi'r helem yn glamp o dŷ ha'
Ac yn sidro – be ddeude ma-mâ a ta-tâ.

Nest Davies

Siôn Rhydderch

Lona Jones

Gorwedd dau eiriadurwr ym mynwent Cemaes. Gŵyr pawb am un ohonynt, Daniel Silvan Evans, a fu farw yn 1903. Ychydig iawn o bobl, fodd bynnag, a ŵyr enw'r llall. Pwy a glywodd am Siôn Rhydderch a gladdwyd yng Nghemaes ar 27 Tachwedd, 1735? Barn gyffredin y rhai a ŵyr amdano yw nad yw'n ddim mwy nag argraffydd a bardd y mesurau rhydd – dyn ansylweddol o'i gymharu a'r Lewysiaid a Goronwy Owen a'u tebyg. Pwrpas yr erthygl hon yw dangos sut y bu i'r gŵr hwn gael dylanwad anhygoel ar lenyddiaeth Gymraeg ei gyfnod – dylanwad a deimlir hyd heddiw.

Ychydig sy'n hysbys am fywyd Siôn Rhydderch, ond fe wyddom ddigon amdano i wrthbrofi'r goel gyffredin mai gŵr o Gastellnewydd Emlyn ydoedd. Gŵr o Faldwyn oedd Siôn, â'i wreiddiau yn ddwfn ym mhlwyfi Cemaes, Llanwrin a Darowen. Fe'i bedyddiwyd yn eglwys Cemaes, ac yn y gofrestr sy'n dyddio 1673 gwelir y cofnod:

Johannes filius David Roderick et Elen uxoris eius baptista fuit 23 octis.

John Roderick oedd ei enw cyfreithiol, felly, ond mae'n siŵr mai Siôn Rhydderch oedd ei enw bob dydd! Gwyddys iddo gael ei fagu mewn ffermdy a elwir yn Cattel, sef fferm Caetalhaearn yn nhrefgordd Gwernybwlch. Yn *Notitiae* Llanelwy – cyfrifiad a wnaed gan Esgob Llanelwy rhwng 1681-1689, gwelwn ŵr o'r enw Rhydderch Wiliam yn benteulu yn nhrefgordd Gwernybwlch yn 1681 a diddorol yw nodi ei fod wedi newid i fod yn Roderick William erbyn 1686. Dyma, yn ddiau, deulu estynedig Siôn Rhydderch, ei daid yn parhau yn benteulu ar rieni Siôn a'u plant.

Dechreuodd Siôn ymddiddori mewn llawysgrifau yn gynnar. Yn 1691, pan oedd ond yn ddeunaw oed, copïodd dudalennau 1-62 o Llanstephan 42 B – llawysgrif y gwyddys i'r Dr John Davies o Fallwyd gopïo rhannau ohoni yn ogystal.[1] Mae'r llawysgrif hon yn cynnwys cerddi gan feirdd megis Dafydd ap Gwilym a Siôn Tudur, ond cerddi beirdd y diwygiad a geir ynddi gan fwyaf; cywyddau ac englynion o eiddo Siôn Phylip, Siôn Mawddwy, Wmffre Dafydd ab Ifan, Llanbrynmair a Dafydd Manuel, Trefeglwys. Yr adeg honno, fel y dengys nodyn yn y llawysgrif, yr oedd Siôn yn dal yng Nghemaes, ac yr oedd yn dal yn Nyffryn Dyfi pan drefnodd Eisteddfod Machynlleth 1701 – eisteddfod a gynhaliwyd, yn ôl traddodiad, yn nhafarn y *Blue Bell* a arferai sefyll lle mae 14 Heol Pentrerhedyn heddiw – stryd a elwid yn Heol Gŵyr y Deheubarth yn adeg Siôn Rhydderch.[2]

Rhywdro rhwng 1708 a 1713, symudodd Siôn o Faldwyn i'r Amwythig. Fe wyddom i sicrwydd ei fod yno yn 1713 oherwydd ef a gynorthwyodd yr argraffydd Thomas Durston i gyhoeddi argraffiad o *Cannwyll y Cymry* yn y flwyddyn honno, a gwyddom ei fod erbyn 1715 yn berchen ar ei wasg argraffu ei hun. Am flynyddoedd ar ôl hyn, bu'n byw yn yr Amwythig yn cyhoeddi llyfrau ac almanaciau. Ond erbyn 1732, gallai Lewis Morris honni fod Siôn Rhydderch wedi ei ddarostwng i dlodi[3] a gwyddys iddo ddychwelyd i Gaetalhaearn cyn ei farw yn 1735. Cofnod digon ffwrbwt sydd am ei angladd yn y cofrestr.

John Roderick was buried Nov. 27.

Dyna'r cwbl oedd yn hysbys am Siôn, ond wedi treulio ymron ugain mlynedd yn ymddiddori ynddo, y mae rhai ffeithiau eraill y gallaf eu cynnig. Ann oedd enw ei wraig – merch a oedd yn hanu o deulu Mathafarn, Llanwrin, ac er na wyddom pryd na lle y bu i'r ddau briodi, yr oeddynt yn briod erbyn 1708 pan aned eu mab hynaf, John.[4] Ganed iddynt o leiaf dri phlentyn arall, Gabriel yn 1715 a Mary ac Anne – dwy ferch na wn i ddim amdanynt ac eithrio eu henwau.[5] Yn ei dro, priododd Gabriel ag Anne Jones, alias Pugh, gweddw o Fachynlleth yn 1739.[6] Ym Machynlleth y trigai Gabriel yntau, a diddorol yw nodi ei fod yn ei alw ei hun yn *gent* er na fedrai hyd yn oed lofnodi ei enw!

Arddelai Gabriel y teitl *gent* wrth lofnodi'r ddogfen a adwaenir bellach fel Peniarth DB510 yn ogystal. Cytundeb ydoedd i werthu tiroedd yn nhrefgordd Gwernybwlch a etifeddodd Gabriel a'i chwiorydd gan eu tad, Siôn Rhydderch, a ddisgrifir ynddi fel *'bookseller, late of the parish of St Chadd's'* heb unrhyw awgrym fod Siôn wedi dychwelyd i Gymru o gwbl. Ond os oedd gan yr hen Siôn diroedd i'w gadael i'w fab a'i ferched, oni ellir diystyru barn Lewis Morris am ei gyflwr yn 1732?

Beth bynnag am gywirdeb asesiad Lewis Morris o sefyllfa bydol Siôn Rhydderch, roedd ei ymateb yn ddiddorol sef ceisio sefydlu gwasg yn Llannerch-y-medd i greu gwaith iddo. Ond er gwaethaf iddo lwyddo i sefydlu'r wasg, ni weithiodd ynddi, a dim ond Tlysau'r Hen Oesoedd a gyhoeddwyd ganddi. Mae'n rhaid fod gan Lewis Morris fwy o barch iddo fel argraffydd nag fel bardd, oherwydd barn Lewis am ei farddoniaeth oedd:

very bad poetry, very bad bad poetry poor stuff . . . but the poor man meant well and could do no better[7]

Fel y gwelir yn nes ymlaen, y mae peth lle i gytuno â barn Lewis Morris am farddoniaeth gaeth Siôn Rhydderch, ond mae'n feirniadaeth bur annheg ar ddyn a oedd wedi etifeddu yn llawn ethos dyneiddwyr Maldwyn. Ef, yn llythrennol, yw etifedd llenyddol y Dr John Davies o Fallwyd a Humphrey Davies, Darowen. Dyneiddiwr yw Siôn Rhydderch – hyd yn oed os oes rhaid ei alw y dyneiddiwr olaf yn Ewrop – oherwydd ymddiddorai mewn gramadega a geiriadura, casglai lawysgrifau a'u copïo, ac yr oedd yn fardd teulu ac yn athro barddol. Ond nid creadur hen ffasiwn ydoedd – roedd ei fys ar bỳls y werin, ac yr oedd yn fwy na pharod i gyflewni ei hangen am garolau plygain a Mai, almanaciau a baledi a llyfrau. Defnyddiai dechnoleg fodern yr oes i hybu cadw arferion gorau'r gorffennol ac i ledu syniadau modern. Roedd y clasurydd a'r dyn busnes yn un ynddo.

Cyn dechrau trafod Siôn y clasurydd, y mae'n rhaid nodi mai clasurydd yn y cyd-destun Cymraeg ydoedd; hyd y gwn i ni wyddai ac ni faliai ddim am glasuron Groeg a Rhufain. Ond ef, yn ddiau, oedd un o feirdd mwyaf gwybodus ei gyfnod am elfennau'r traddodiad Cymraeg ac y mae sawl agwedd i'w weithgaredd ond bwriadaf ddechrau trwy fwrw golwg ar ei waith fel bardd teulu a'i waith yn casglu a chopïo llawysgrifau.

Fel y gellir disgwyl erbyn y ddeunawfed ganrif, bychan oedd cylch noddwyr Siôn ond fe ystyriai ei hun yn fardd teulu i deuluoedd Mathafarn, Ynysymaengwyn a Gorsygedol. Canodd farwnadau a chywyddau cyfarch i sawl clerigwr yn ogystal, ac y mae ei waith yn hollol draddodiadol a chlasurol. A dienaid petai'n onest – y mae'r dyfyniad canlynol yn cyfleu'r ddau bwynt yn berffaith ac fe'i gwelir yng nghywydd marwnad Siôn Rhydderch i Elis Wyn o'r Lasynys:

Elis Wyn o Lasynys
Ap Edwart loywbart lys
Ap Elis fab i William
Glain dur gwych o'r glain digam
A Morris yn y mawredd
Robert Wynn oreubart wedd
Ap Siôn ddewrinn ddyrys
Ap Evan, Trofan ap Rhys
Ac Evan wiwlan ei wedd
Ap Einion o ben bonedd
Ap Gruffudd newydd i nod
O Lywelyn loyw aelod
A Chynfrig dawnfrig ei lys
Ac Osbwrn enwog ysbys[8]

Ac i brofi'r pwynt ymhellach, wele ran o gywydd marwnad Siôn Rhydderch i William Pughe, Mathafarn:

Llew yn siroedd nid llai'r siarad
Llwyr well wledd llew'r holl wlad
Mae 'i lwynau moliannus
Mawr air draw yn wŷr diras
Siôn Pughe walch parod
Sy enwog iawn sain ei glod[9]

Heb unrhyw amheuaeth dyma ochneidiau gwely angau yr hen draddodiad mawl ond roedd Siôn yn gallu barddoni'n well na hyn, a theg yw dangos enghraifft o hynny. Daw'r englyn canlynol o gadwyn a ysgrifennodd i gyfarch Owen Grufffydd, Llanystumdwy, gŵr a gydoesai â Siôn a chyfaill iddo:

Heneiddio heno fy hunan yr wy
A'r awen yn drwstan
Anhyfryd adfyd udfan
Waetha coel i weithio can[10]

Ond rhaid troi i drafod gwaith llawysgrifol Siôn. Cyfeiriais eisoes at ei waith yn copïo Llanstephan 42 B, ond gellir profi iddo ddarllen sawl llawysgrif arall ac yn yr erthygl hon, hoffwn drafod tair ohonynt, sef Cwrtmawr 204 a 206 B a LLGC 19660 B – llawysgrifau y gellid eu galw yn llawysgrifau Llanymawddwy oherwydd bu'r tair yn eiddo teulu Cadwaladr Dafydd, Tŷ Isa, Llanymawddwy – teulu a ystyriai ei hun yn deulu barddol i deulu'r Plase neu Plasaugwynion, Llanymawddwy, o ddiwedd yr ail ganrif ar bymtheg tan ddiwedd y ddeunawfed ganrif. Oherwydd ein bod yn gwybod na adawodd y llawysgrifau hyn y Tŷ Isa tan ymhell ar ôl marwolaeth Siôn, ac am ein bod yn gwybod iddo eu darllen, y mae'n demtasiwn tybied mai Cadwaladr Dafydd oedd athro barddol Siôn. Cynhwysa'r llawysgrifau amrywiaeth o ddeunydd – cywyddau Dafydd ap Gwilym a Guto'r Glyn, detholiad o ymryson William Cynwal ag Edmwnt Prys, englynion a charolau gan Siôn Rhydderch a Chadwaladr Dafydd a'i deulu a'r fersiwn gynharaf o waith Wmffre Dafydd ab Ifan, Llanbryn-mair (LLGC 19660 B). At ei gilydd, ceir yma yr un math o gerddi a lliaws llawysgrifau'r cyfnod. Serch hynny, mae eitemau dieithrach i'w cael yn ogystal – megis darnau o ramadegau barddol a cherddi'r ffug Daliesin; maent yn profi fod gan Siôn ddiddordeb hynafiaethydd mewn llawysgrifau ac y mae'n siŵr mae ei obaith oedd ysbarduno'r traddodiad newydd wrth gyhoeddi gramadeg ac wrth sefydlu eisteddfod.

Pan soniai'r beirdd Cymraeg am ramadeg, ni olygant lyfr sy'n disgrifio teithi a rheolau'r iaith Gymraeg. Ystyr y gair Gramadeg i fardd yw disgrifiad o reolau barddol ynghyd â disgrifiad o'r gyfundrefn farddol, ei hamodau a'i sefydliadau. Os mynnwch, pwrpas gramadeg i'r beirdd yw ein dysgu i ochel y bai trwm ac ysgafn a chyffelyb feiau – nid ein dysgu i ddyblu ac i dreiglo'n gywir. Yn wreiddiol, ar lafar y cadwai'r beirdd eu dysg ond yn raddol, dechreuant eu hysgrifennu, a phriodolir y cyntaf o'r gramadegau hyn i Einion Offeiriad (tua 1320) a'r olaf ohonynt, *Y Pum Llyfr Cerddwriaeth*, i Simwnt Fychan (tua 1570). Ond nid y beirdd yn unig a fu'n brysur yn casglu gramadegau ynghyd – bu'r Dyneiddwyr, hwythau, wrth y gwaith am eu bod yn credu fod yn nysg y prifeirdd brawf diymwad y gellid ystyried y traddodiad brodorol Cymraeg yn gyfuwch gyfartal â thraddodiadau Groeg a Rhufain. Yn ogystal, credai'r Dyneiddwyr fod y ddysg glasurol hon ar fin diflannu ac y dylid ei chyhoeddi er mwyn ei choledd a'i chadw. Cyhoeddwyd pump o'r gramadegau yn sgîl teimladau o' fath gan Gruffudd Robert (tua 1522 - tua 1610), Siôn Dafydd Rhys (1534-1619), William Middleton (floruit 1551-1600), y Dr John Davies o Fallwyd (1567-1644) a William Gambold (1672-1728).

Yn ei Ragymadrodd i'w Ramadeg a gyhoeddwyd ganddo ef ei hun yn 1728, cydnebydd Siôn Rhydderch ei ddyled i Gruffudd Robert, Siôn Dafydd Rhys, Willam Middleton a John Davies. Ond, meddai, ni allai eu gramadegau hwy lwyddo fel y llwyddai ei un ef gan eu bod yn cynnwys llawer o Ladin neu Saesneg a'u gwnâi yn hollol anealladwy i'r rhelyw o Gymry. Canmola Siôn ei hun ei fod ef wedi ysgrifennu'n uniaith Gymraeg ac mai ef a ddewisodd yr enghreifftiau o gamgymeriadau barddol a dyfyniadau a welir yn y llyfr. Os gwir y gair am hynny, mae'n amlwg fod Siôn wedi pori'n helaeth mewn barddoniaeth ar hyd ei oes oherwydd y mae'r enghreifftiau yn amrywio o Dafydd Nanmor i Edward Morys, Perthillwydion.

Ond trist, rywsut, yw darllen y llyfr a gweld Siôn Rhydderch yn dal ati i geisio disgrifio'r hen gyfundrefn farddol fel petai'n dal mewn grym.[11] Mae'n amlwg hefyd iddo fethu â sylweddoli mai Eisteddfod ddelfrydol oedd un Ystatud Gruffydd ap Cynan ac mai eithriad oedd Eisteddfodau Caerwys. Fe ymddengys iddo weld yma batrwm a threfn a osodwyd arni gan y gyfundrefn farddol ei hun. Yn sicr, dyma'r patrwm y ceisiodd ef ei hun ei ddilyn pan alwodd Eisteddfod Machynlleth 1701. Galwyd honno, yn union fel y galwyd eisteddfodau Caerwys, i roi urddas, rhwysg a threfn ar Gerdd Dafod.

Ond wrth geisio cynnal Eisteddfod, yr oedd gan Siôn Rhydderch broblem oherwydd roedd dirywiad y traddodiad barddol wedi diddymu unrhyw angen am gyfundrefn farddol a osodai drefn ar feirdd a'u trwyddedu. Oherwydd seisnigeiddio yr uchelwyr, ni allai bardd obeithio gwneud bywoliaeth o farddoni ac ni ellid, ychwaith, wahaniaethu rhwng clerwr a bardd teulu a bardd llys megis cynt. Bellach, ymgymerai bardd â holl ofynion barddol ei gymdeithas, a'i noddwyr newydd oedd y werin; roedd ysgrifennu carol cyn bwysiced a medru ysgrifennu englyn neu gywydd ym myd Siôn Rhydderch. O reidrwydd, golygai hyn y byddai unrhyw Eisteddfod a gynhaliai Siôn Rhydderch yn llai uchelgeisiol o dipyn nag Eisteddfodau Caerwys neu Eisteddfod Caerfyrddin 1451.

Eisteddfod bitw oedd eisteddfod Machynlleth 1701. Er gwaethaf fy holl falchder yn nhref fy magwraeth, mae'n rhaid i mi gyfaddef hynny! Buasai'n decach a chywirach ei galw'n ymryson y beirdd er, a bod yn hollol onest, mi roedd hi'n ymryson pur wan yn ogystal. Ar wahân i Siôn Rhydderch, daeth chwe bardd i'r cyfarfod hwn – Elis Cadwaladr, Llandrillo, Cadwaladr Roberts, Pennant Melangell, Dafydd Manuel, Trefeglwys, Humphrey Owen a Siôn Prichard Prys,

Sir Fôn. Mae'n deg nodi i Siôn fedru denu tri bardd pur ddylanwadol yn eu hoes – Huw Morys, Dafydd Manuel a Chadwaladr Roberts, ond at hyn y mae'n rhaid ychwanegu mai un dasg a osodwyd, hyd y gwyddys, sef englyn i ofyn cyweirgorn telyn gan Siôn ap Huw, gof, dros William Dafydd. Dafydd Manuel a enillodd yr ornest ac ef, felly, oedd bardd cadeiriog cyntaf Cymru, o bosib! Ond pa ryfedd i Ifan Gruffydd, Aberteifi ddychanu'r cyfarfod mewn englyn a gyhoeddwyd yn Almanac 1702?

Fe fu i'r eisteddfod fechan hon bwysigrwydd anfesuradwy. Methodd yn llwyr â chyflawni bwriad Siôn Rhydderch wrth ei chynnal; ni lwyddodd i adfer dim ar statws bardd a'i grefft yng Nghymru. Ond wrth gynnal cyfarfod barddol a ddenodd feirdd o'r rhan helaethaf o Gymru, fe lwyddodd Siôn i blannu hedyn – a hedyn a dyfodd i fod yn fudiad cenedlaethol. Esgordd yr eisteddfod hon ar gyfres o eisteddfodau a elwir yn eisteddfodau'r almanaciau oherwydd fe ddefnyddid yr almanaciau i'w hysbysebu ac i gyhoeddi eu cynnyrch. Dyma, wrth gwrs, yr eisteddfodau a noddwyd gan y Gwyneddigion yn niwedd y ddeunawfed ganrif, ac eisteddfodau'r Gwyneddigion oedd cychwyn y mudiad eisteddfodol Cymraeg a'r Eisteddfod Genedlaethol fel ei gilydd. Mewn cyfnod pan nad oedd hi'n ffasiynol meddwl yn genedlaethol, fe osododd Siôn Rhydderch seiliau undod cenedlaethol a fu'n hanfodol i'w genedl a pharhâd ei diwylliant.

Gwasanaethu ei genedl oedd bwriad Siôn Rhydderch wrth gyhoeddi ei Eirlyfr, *The English and Welsh Dictionary*, yn 1725 ac y mae hwnnw fel petai'n ddolen gydiol rhwng gwaith diwylliannol Siôn Rhydderch y dyneiddiwr a Siôn Rhydderch y dyn modern oherwydd diau fod cymhellion dysgedig a masnachol y tu ôl i'w gyhoeddi. Yn ei Almanac yn 1726, dywed Siôn iddo gyhoeddi'r Geirlyfr oherwydd fod cymaint o eiriau Saesneg yn llithro i'r Gymraeg a rhydd restr ddigon difyr ohonynt, geiriau megis botwm, brecwast, poced a swper. Yn *Rhagymadrodd y Geirlyfr*, dywed Siôn Rhydderch sut y bu iddo fynd ato i gronni'r geiriadur; ei sail, meddai, yw casgliadau gwŷr megis Erasmus Lewes ac Edward Llwyd[13] a sonia am un ffynhonnell arall sef llawysgrif a adwaenir heddiw fel LLGC 718 B, geiriadur a botanologium a ddaeth i'r Llyfrgell Genedlaethol o Plas Power ond gwyddys i Siôn Rhydderch ei phrynu oddi ar Thomas Durston mor gynnar â 1714. Fodd bynnag, nid ail bobiad o'r ffynhonnellau hyn yn unig yw'r Geirlyfr; mae hefyd yn cynnwys geiriau a gasglwyd gan

Siôn ei hun. Yn ôl y Rhagymadrosdd, ymffrostia iddo ychwanegu dros bedwar cant a hanner o eiriau i adran S yn unig.

Ond Geirlyfr digon cymysglyd ydyw mewn difrif. Ceisia roi ystyron deheuol a gogleddol i eiriau; ar dro rhydd y gair Lladin yn ogystal â'r Gymraeg a'r Saesneg a weithiau defnyddir disgrifiad diffiniol – nid oes ond rhaid edrych ar ddiffiniadau'r Geirlyfr o'r geiriau *academia, out* a *wife* i brofi'r holl bwyntiau hyn. Ond, er tegwch â Siôn, y mae'n rhaid nodi fod y Geirlyfr – er gwaethaf ei ddiffygion – yn ymdrech wiw iawn ac yn garreg filltir olaf ar ffordd doethineb ieithyddol cyn dyfod gwiriondebau ieithyddol Iolo Morganwg a William Owen Pughe. Dyma olynydd digon teilwng i'r Dr John Davies o Fallwyd.

Bu Siôn Rhydderch yn gyfrifol am ddau lyfr rhyddiaith arall yn ogystal – cyfieithad a gyhoeddodd ef ei hun yn 1724 yw un, Datcuddiad. Llyfr addysgol a chrefyddol yw hwn; sgwrs honedig rhwng llafurwr o Gaint ag Esgob Llundain er profi rhagoriaeth Eglwys Loegr ar bob crefydd ac enwad arall yn y byd. Cyfieithiad digon dilewyrch ydyw ac, er na lwyddodd neb hyd yn hyn i ddod o hyd i'r llyfr Saesneg gwreiddiol, gellir bod yn bur sicr na addasodd Siôn Rhydderch nemor ddim arno, dim ond ei gyfieithu'n slafaidd.

Y mae ei gyfrol arall, *Montgomeryshire Pedigrees*, yn fwy diddorol ac yn dangos diddordeb byw a deallus Siôn mewn herodraeth. Ac eto, nid ef a fu'n gyfrifol am yr holl achau a welir yn y casgliad o lawysgrifau sy'n sail i'r gyfrol. Sail y llyfr yw'r achau i deuluoedd Maldwyn a gasglodd Lewis Dwn (tua 1550 – tua 1616) ac sydd i'w gweld heddiw yng nghyfrolau'r *Heraldic Visitations*. Yr hyn a wnaeth Siôn Rhydderch oedd ychwanegu nodiadau at yr achau a dod â hwy i lawr i'w gyfnod ei hun. A chydag un ach, ach teulu Mathafarn, Llanwrin, gallwn brofi i Siôn Rhydderch syrthio i fagl Iolo Morganwg a breuddwydio breuddwydion. Yr oedd Lewis Dwn wedi llwyddo i fynd ag achres y teulu yn ôl cyn belled â'r ddeuddegfed ganrif, ond roedd yn ormod o hanesydd i fynd â hwy yn ôl ddim pellach gan nad oedd ganddo ddigon o dystiolaeth. Ond yr oedd teulu Mathafarn yn anfodlon â gwaith Lewis Dwn; dymunent weld corden achau a brofai ddisgynyddiaeth y teulu o Adda ei hun. A dyna'n union a ddarparodd Siôn iddynt – achres a hawliai Adda ei hyn yn gyndad i'r teulu. Chwarae teg i Siôn, mae'n rhaid i bawb ohonom gadw ei deulu-yng-nghyfraith yn hapus! Ond gallwch weld yr ach mewn sawl llawysgrif yn dechrau'n dalog ag Adda ac Efa.[15]

Argraffu oedd gwaith bob dydd Siôn Rhydderch ac er ei fod fel pob argraffydd arall ei gyfnod yn gwerthu popeth gan gynnwys meddygyniaethau a phapur wal, mae'n debyg mai ar yr almanaciau y dibynnai fwyaf am ei gynhaliaeth ac er na chadwyd inni bob un ohonynt, gwyddys iddo gyhoeddi almanac yn flynyddol rhwng 1713 a 1736 – do, fe gyhoeddwyd un ganddo ar ôl ei farwolaeth; mae'n rhaid fod ganddo un ar y gweill pan fu farw. Diffinia'r *Cydymaith i Lenyddiaeth* almanac fel 'cyhoeddiad rhad ar ffurf llyfryn clawr'[16] ac â ati yn gywir ddigon i ychwanegu y cynhwysai'r almanaciau bob math o bethau eraill megis proffwydoliaethau am ddigwyddiadau a thywydd y flwyddyn oedd i ddod, astroleg, hysbysebion, rhestrau ffeiriau a marchnadoedd Cymru a'r Gororau[17] a ffeithiau megis ystadegau bragu ym Mhrydain[18].

Yn bwysicach, efallai, cynhwysent farddoniaeth ac ynddynt, gwelir am y tro cyntaf, farddoniaeth Gymraeg yn cyrraedd ei chynulleidfa ar bapur. Mae ystod y cerddi hyn yn medru bod yn bur eang ond y maent yn dangos chwaeth y ganrif am farddoniaeth grefyddol, ddidactig, a ganmolai'r *status quo* crefyddol a gwleidyddol. Un ffynhonnell hwylus iawn i weld y math o gerddi a gyhoeddid yn yr almanaciau yw'r blodeugerddi a gyhoeddwyd yn ystod y ddeunawfed ganrif, megis *Carolau a Dyriau Duwiol*. Cyhoeddwyd y casgliad hwn o leiaf bedwar o weithiau, y tro olaf, i bob golwg, gan Thomas Durston yn 1745. Cyhoeddodd Siôn Rhydderch ei hun argraffiad ohono tua 1729 ac fe gynhwysir ei Ragymadrodd i'r argraffiad hwnnw gan Durston.[19]

Wrth ddarllen y llyfr hwn, fe welir mai crefyddol a cheidwadol yw'r cerddi; carolau Mai a phlygain, cerddi ymddiddan pechaduriaid edifarhaus a cherddi yn erbyn meddwdod yw trwch y cerddi. Ac eto, gwelir peth o farddoniaeth orau y cyfnod yn y canu hwn – ystyriwch, er enghraifft, y penillion hyn o garol haf Siôn Rhydderch yn 1695:

Mae'r Cogau a doniau dawnus
Hyd goedydd hylwydd hwylus
Yn canu'n heini hoenus
Dda foddus gan ddifai
Ar adar cynnar canan
Bob diddig fiwsig leisian
I ddangos mor berffeithlan
Yw'r diddan fwynlan Fai

Mae'r ydau oll mor rhadol
Yn tarddu i'n llesu yn llesol
Pob llysiau a gweirau gwrol
Hyfrydol reiol rad
Pob blodau gerddi gwyrddion
Perllanau sy'n bur llawnion
Briallu glân a meillion
Arwyddion llon wellhad[20]

Ochr barchus y beirdd a welir yn y blodeugerddi hyn; rhaid troi at y llawysgrifau i weld eu canu mwy dychanllyd ac anllad.

Ychydig o ganu ysgafn a welir gan Siôn Rhydderch, ac un o'r goreuon yw ei gerdd i Syr Siôn Heidden – cerdd sy'n disgrifio mewn un ddelwedd estynedig gelfydd y modd y troir haidd yn gwrw ac sy'n canmol cwrw a'i boblogrwydd. Ond hyd yn oed wrth ganmol, y mae'n rhaid i Siôn gael moesoli; rhybudd rhag gor-yfed yw rhan olaf y gerdd – rhybudd sy'n ein hatgoffa o ymadrodd Twm o'r Nant mai 'y gormod ydyw'r gwall'. Gorffenna'r gerdd â gorchymyn pendant rhag meddwi:

Cymhedrol gymhesur i'r bobl sydd bybur
Ei ruso fo'n brysur tra eglur y tro
Rhag caffael o'r diwedd eu rhwydo o'u anrhydedd
A dialedd o gyfedd ac efo[21]

Mewn diod, gwleidyddiaeth a chrefydd, cymedroldeb oedd un o eiriau mawr y ddeunawfed ganrif.

Dyn ei gyfnod oedd Siôn ym mhob ffordd, a dyn a ymgyfeillachai â phobl ei gyfnod – a hynny dros gryn bellter daearyddol. Yr oedd yn gyfaill i Cadwaladr Roberts, Pennant Melangell, Huw Morys, Llansilin, Owen Gruffydd, Llanystumdwy; adwaenai Ifan Gruffydd, Aberteifi; treuliodd amser ym Môn ac ef oedd athro barddol Siôn Bradford, athro barddol Iolo Morganwg, a gwyddys iddo dreulio peth amser ym Morgannwg. Bu ganddo ddylanwad ar Goronwy Owen, yn ogystal, a hoffwn orffen yr erthygl hon drwy sôn am y dylanwad a gafodd Siôn ar lenyddiaeth Cymru.

Yr oedd gan Siôn Rhydderch, mi dybiwn, awdurdod gwybodaeth weddol drylwyr o'r traddodiad llenyddol Cymraeg o'i blaid, yr oedd yn arloesi gydag Eisteddfodau ac yn defnyddio'i wasg i ledaenu gwybodaeth am yr iaith a theithi ei llenyddiaeth. Y cyfuniad hwn o awdurdod a mentrau masnachol a oedd yn seiliedig ar lenyddiaeth oedd un rheswm paham y bu mor ddylanwadol; rheswm arall dilys yw lleoliad Siôn Rhydderch. Amwythig oedd prifddinas y Canolbarth ac yr oedd hi'n hawdd ac yn hwylus i Siôn grwydro rhwng De a Gogledd Cymru – byddai beirdd yn pasio trwy'r Amwythig a diau yn galw i'w weld ar eu ffordd.[22] Ond nid y rhesymau hyn yn unig a roddodd i Siôn y fath ddylanwad, ac mae'n rhaid troi at syniadau Goronwy Owen am lenyddiaeth Gymraeg i ddangos gwir ddylanwad Siôn Rhydderch.

Nid oes rhaid darllen Gramadeg Siôn yn fanwl iawn i sylweddoli nad oedd bob amser wedi deall yr hyn a ddysgodd am y gyfundrefn farddol; nodwyd eisoes ei gamddealltwriaeth ar sut i alw eisteddfod. Gellir gweld yr un diffyg dealltwriaeth yn ei ymdriniaeth o'r awdl a'i mesurau. Credai fod yn rhaid i awdl ddefnyddio pob un o'r pedwar mesur ar hugain i fod yn awdl gywir; ni sylweddolodd mai ymarferiad neu arholiad oedd yr awdlau enghreifftiol hyn ac mai'r hyn oedd yn normal oedd awdl a gynhwysai rai o'r mesurau yn unig. Ym marn Siôn, awdl ddiffygiol oedd awdl felly. Iddo ef prawf o ddirywiad ar yr awdl oedd yr un o eiddo Edward Morys a gyhoeddwyd yn ei Ramadeg, ac fel prawf o'r dirywiad y cyhoeddir hi ganddo am nad yw'n cynnwys ond ychydig o'r mesurau.

Cafodd y syniadau hyn o'i eiddo gryn ddylanwad, yn uniongyrchol trwy ei ddisgyblion, yn arbennig Siôn Bradford, athro barddol Iolo Morganwg, ac yn anuniongyrchol drwy argraffiad 1728 o'r Gramadeg – argraffiad a ddylanwadodd ar y neo-glasurwyr. Bu argraffiad 1824 o'r Gramadeg yn fwy dylanwadol byth. Gellid dadlau'n argyhoeddiadol iawn fod Siôn, wrth geisio cadw a lledaenu yr hen ddysg farddol, wedi troi llenyddiaeth Gymraeg oddi ar gwir lwybr ei datblygiad. I unrhyw un sydd yn gyfarwydd â llenyddiaeth y ddeunawfed ganrif, y mae'n amlwg mai cerddi rhyd ar geinciau megis *Charity Mistress, Crimson Velvet* ac *Anhawdd Ymadael*, ac englynion ag ambell i gywydd oedd hoff fesurau'r beirdd. Mae'n bosib gweld perthynas rhwng y ganrif hon a'r ganrif flaenorol o ran mesur a phwnc ac ethos. Serch hynny, mae'n anodd gweld perthynas rhwng y baledi a charolau'r ddeunawfed ganrif ag awdlau'r bedwaredd ganrif ar bymtheg ac ni elllir, mi dybiaf, esbonio'r gwahaniaeth hwn yn nhermau newidiadau cymdeithasol yn unig. I mi, rhodd gymysg iawn fu un Siôn Rhydderch i'w genedl. Oni bai am ei Ramadeg, gellir dadlau mai ychydig iawn o'r hen gyfundrefn a fuasai wedi goroesi yn nwylo'r werin – yn hytrach, ar glo mewn llawysgrifau a llyfrau prin y byddent. Ac oni bai am ei eisteddfota, ni fyddem ni heddiw ym Mathrafal yn dathlu un o wyliau diwylliannol mwyaf Ewrop. Gellir dadlau yr un mor gryf fod etifeddiaeth Siôn Rhydderch yn cynnwys Iolo Morganwg yn ogystal, a holl awdlau dieneiniedig y ganrif ddiwethaf. Ffei ar bawb a feddyliodd erioed mai argraffydd a bardd rhydd digon tila oedd Siôn!

1 *Report on Manuscripts in the welsh Language* Cyf.11 rhan 11, 486
2 Gwybodaeth bersonol o draddodiadau llafar Machynlleth
3 B.M.Addl.14866 a q.v. *Six centuries of the provincial book trade in Britain*, 106
4 I.G.I.
5 Ibid a Pheniarth DB 510
6 SA 14 / 132
7 Cymharer farn Iolo Morganwg 'cystal y gwyddai Siôn Rhydderch reolau barddoniaeth ag y gŵyr buwch wau sidan' yn LLGC. 17 B 444
8 LLGC (Peniarth) 123 E
9 Cwrtmawr 204 B
10 Cwrtmawr 554 B
11 Gramadeg Siôn Rhydderch arg. 1824 48
12 ibid 197-200
13 Disgrifia SR Edward Llwyda'r Ashmolean, yn chwithig ddigon i glustiau modern, fel 'diweddar geidwad trysor – gell y teganau'!
14 Cyhoeddwyd llawysgrifau herodrol Siôn gan y Powysland Club o dan olygyddiaeth James Morris yn 1889. Teitl y gyfrol yw *Montgomeryshire Pedigrees* ond, er hwylustod, fe'i defnyddiais hefyd am y casglaid llawysgrifol.
15 e.e. Cwrtmawr 204 B
16 Cydymaith i Lenyddiaeth Cymeu 12
17 Almanac Thomas Jones 1691
18 Almanac Gwilym Hywel, Llanidloes, 1773
19 Carolau a Dyriau Duwiol (y pedwerydd argraffiad). I gymhlethu pethau, rhoddodd Durston y dyddiad 1745 wrth y Rhagymadrodd.
20 op.cit. 230
21 Cydymaith Diddan Merthyr Tydfil 1824
22 Yn rhywle yn llawysgrifau Cwrtmawr gwelais – heb na nodi'r cofnod yn llawn na nodi'r lleoliad ychwaith i mi fedru ei ail-ddarganfod – fil cwrw a baco o rai punnoedd o eiddo Siôn Rhydderch, prawf, diau, o'i gymdeithasu barddol!